Ostern '03 von Rutti

Josef Hochstrasser

Wachküssen

Anstösse zum neuen Tag

Friedrich Reinhardt Verlag Basel/Berlin

Einbandgestaltung: Heinz Pfister, Bern

Dort, wo man sich begegnet, gibt es weder totale Ignoranten noch vollkommene Weise – es gibt nur Menschen, die miteinander den Versuch unternehmen, zu dem, was sie schon wissen, hinzuzulernen.

Paulo Freire, brasilianischer Volkspädagoge

Die Deutsche Bibliothek – CIP-Einheitsaufnahme
Hochstrasse, Josef:
Wachküssen : Anstösse zum neuen Tag / Josef Hochstrasser. - Basel ; Berlin : F. Reinhardt, 1994
ISBN 3-7245-0829-8

Alle Rechte vorbehalten
© 1994 by Friedrich Reinhardt Verlag Basel/Berlin
Printed in Switzerland by Reinhardt Druck Basel
ISBN 3-7245-0829-8

Inhalt

Vorwort von Eugen Drewermann 9

*«‹Richtet nicht!› sagen sie, aber sie schicken alles
in die Hölle, was ihnen im Wege steht.»*
(Friedrich Nietzsche)

Nikolaus von Flüe und Franz von Assisi 13
Armer Bruder Judas 16
Ich allein habe recht!..................... 19
Macht nichts, lieber Stein! 21
Enthauptet wegen Dienstverweigerung 24
Den «Teufel» umarmen 26
Die Stirn getroffen....................... 28
«Kindlein in der Wiege auf dem Meer» 31
Der Ziegenbock will nicht in die Wüste....... 33

*«Es gibt nichts so Grausames wie die
Normalmenschen!»* (Hermann Hesse)

Die Maus am Fusse des Sandhügels 39
Ein Krebs geht vorwärts! 41
Wie geht es dir? 43
Greenpeace am St. Gotthard 45
«Das ist nun einfach mal so!»............... 47

Aus der Haut fahren 50
«Ansprache zum Schulbeginn» 52
Ein rücksichtsloser Gott? 55
Der zerbrochene Teller 58

*«Freiheit ist das, was der Mensch aus dem macht,
was aus ihm geworden ist.»*   (Jean-Paul Sartre)

E manu capere 63
Die Droge «Ägypten» 65
«Pharao»-Menschen 67
Frauen widerstehen 69
Ein Drama im Garten 71
Luther und Rom 73
Sprengt den Rahmen! 75
Die Karre in der Sackgasse 77
Der Engel mit dem Flammenschwert 79

*«Was ich lebendig nenne? Was nenne ich lebendig.
Das Schwierigste nicht scheuen, das Bild von sich
selbst ändern.»*   (Christa Wolf)

Christiane Brunner, Franz Hohler,
Niklaus Meienberg... 85
Wie Rabbi Susja 87
Als 55jährige Frau hat man doch ausgeträumt!. 90
In den Brunnen steigen 92
Alles ist vorläufig 95

Selbst-los?............................. 97
Vom «Himmel» getroffen.................. 100
Mit Königin Elisabeth reden 103
«Wer Kindern sagt...»..................... 106

«Die Geburt ist nicht ein augenblickliches Ereignis, sondern ein dauernder Vorgang. Das Ziel des Lebens ist es, ganz geboren zu werden, und seine Tragödie, dass die meisten von uns sterben, bevor sie ganz geboren sind!» (Erich Fromm)

Die «hagazussa»......................... 111
Janus werden 113
Sisyphus und Christophorus................ 116
Die Kirschtorte........................... 118
Potemkinsche Dörfer 121
Ein symbolisch-diabolisches Leben führen 123
Am Käfigturm zu Bern.................... 125
«Als sie mit vierzig noch einmal zu leben versuchte...» 128
Der alte Nussbaum 131

Anmerkungen............................ 134

Vorwort

In der Theologie ist bis heute ein Stil von Verkündigung üblich geworden, der über die Bibel redet, statt zu tun, was in der Bibel steht: menschliches Leben so zu erzählen, dass es auf bestimmte Erfahrungen hin durchsichtig wird. Alle Menschen leben von Verstehen, Begleitung und Akzeptation, und sie sind verzweifelt, wenn sie zurückgewiesen, missverstanden und negativ kritisiert werden. Sie suchen nach Hoffnung und Liebe und schliessen sich zusammen bei Zurückweisung und Mutlosigkeit. Von solchen Gefühlen, Erfahrungen und Schicksalen zu sprechen, war die Art Jesu im Neuen Testament. Er schilderte menschliche Begebenheiten, bis dass sie sich auf grundlegende Entscheidungen hin öffneten.

Nichts anderes wird in dem vorliegenden Buch von Josef Hochstrasser versucht. Hier wird nicht eine aufgesetzte religiöse Ideologie zu Grabe oder zu Markte getragen, sondern in bestimmten Erlebnisberichten, alltäglichen Szenen, individuellen Träumen, Momenten der Begegnung etwas Wesentliches, womöglich Göttliches sichtbar gemacht. Allein sich so ungeschützt dem Leben anzuvertrauen, wie es in diesem Buch geschieht, ist menschlich wichtiger als alle aufgesetzten Predigten und sogar theologisch gesprochen dem Beispiel Jesu vermutlich näher als alles ritualisierte Reden über Gott oder göttliche Geheimnisse.

Eugen Drewermann

«‹Richtet nicht!› sagen sie, aber
sie schicken alles in die Hölle, was
ihnen im Wege steht.»
                    (Friedrich Nietzsche)

Nikolaus von Flüe und Franz von Assisi

Ein Mensch, der viel im Streit lag mit einem anderen Menschen, stieg eines Tages zu Nikolaus von Flüe in den Ranft hinunter, um vom Einsiedler einen Rat zu erbeten, wie er mit seiner schwierigen Angelegenheit umgehen solle.

Der Eremit band einen Strick zu einer losen Schlinge zusammen. Das eine Ende des Seilstückes legte er in die Hand seines Gastes, das andere hielt er selber fest. «Zieh jetzt mit aller Kraft in *deine* Richtung, ich tue dasselbe auf *meine* Seite», forderte er den Ratsuchenden auf. In der Mitte verdrehte sich der Strick zu einem steinharten Knoten.

«Siehst du», mahnte Bruder Klaus, «wenn du nur in deine Richtung zerrst und der andere auf seine Seite reisst, dann entsteht ein unlösbarer Knoten zwischen euch. Lass doch lieber ein wenig locker! Wenn du, wie ich, am Strick schiebst, öffnet sich der Knoten. Der Konflikt löst sich!»

Spannungen, Auseinandersetzungen und Feindschaften beschäftigen Menschen rund um den Erdball. Dauerhaften Frieden kann es geben, wenn ich den Weg zu meinem Feind suche und die Versöhnungsarbeit mit ihm zusammen an die Hand nehme.

Dann gibt es weder Sieger noch Besiegte, sondern veränderte Partner, die eine neue Beziehung zueinander buchstabieren lernen.

Ein anderer Grosser der Kirchengeschichte, Franz von Assisi, schlug einen verblüffenden Zugang zum sogenannt bösen Feind vor:

> Etwas gar Wunderbares, des rühmenden Andenkens wert, geschah bei der Stadt Gubbio. Dort trieb sich nämlich ein gar grosser und grimmig wilder Wolf umher, der auch Menschen anfiel und frass. Alle Bürger waren ob dieser Plage in grosser Angst, und keiner verliess unbewaffnet die Mauern der Stadt. (...)
> Als nun Franz einmal nach Gubbio kam, empfand er Mitleid mit den Menschen und beschloss, sich zu dem Wolf auf den Weg zu machen. (...) Schon rannte der schreckliche Wolf mit offenem Rachen auf Franz und seinen Genossen zu, als die göttliche Kraft des seligen Mannes ihn innehalten liess. Franz machte das Zeichen des Kreuzes über das Tier, rief es zu sich und sprach also zu ihm: Komm zu mir, Bruder Wolf! Im Namen Christi befehle ich dir, weder mir noch sonst jemand ein Leid anzutun! Und wunderbar, wie das Untier alsbald seinen schaurig aufgesperrten Rachen schloss, gesenkten Kopfes herantrottete und sich gleich einem Lamm zu den Füssen Franzens still niederlegte.

Da predigte Franz also zum Wolf: Viel Schaden richtest du an in dieser Gegend, Bruder Wolf! Gar schlimme Taten hast du verübt und Gottes Geschöpfe erbarmungslos umgebracht. Du wagst es sogar, Menschen zu töten, die doch nach Gottes Bild geschaffen sind. Sicherlich hast du verdient, als Räuber und Mörder mit einem schlimmen Tod bestraft zu werden. Ich aber will zwischen dir und den Menschen einen Frieden herbeiführen. Du wirst niemandem mehr ein Leid antun. Dafür wird man dir alle Missetaten erlassen, und weder Menschen noch Hunde sollen dich hinfort verfolgen.

Da wedelte der Wolf mit dem Schwanz und nickte mit seinem Kopf, auf diese Weise sein Einverständnis bekundend.

Franz fuhr fort: So will ich dir auch versprechen, dass du hinkünftig keinen Hunger mehr leiden wirst. Deine tägliche Kost wirst du von den Menschen erhalten. Weiss ich doch, dass du alles Schlimme nur vom Hunger getrieben verübt hast. Nun gib mir ein Zeichen, dass du alles richtig begriffen hast und damit einverstanden bist!

Der Wolf hob gehorsam seine rechte Tatze und legte sie in die ausgestreckte Hand Franzens, ging dann artig mit Franz in die Stadt hinein, zum Marktplatz, wo alsbald alle Bewohner zusammenliefen.

Als Franz den Menschen alles erklärt hatte und

> sie fragte, ob sie den Wolf getreulich ernähren und den Friedensvertrag so gewiss einhalten wollten, wie auch der Wolf es versprochen hatte, riefen sie alle ihr Ja.
> (...) Als der Wolf schliesslich an Altersschwäche gestorben war, empfanden die Menschen darob grosse Trauer. Denn seine friedliche Anwesenheit und seine sanfte Geduld hatte sie an die Tugend desjenigen gemahnt, der seine Wildheit gezähmt hatte.[1]

Man glaubt übrigens, der Wolf von Gubbio sei, in eine Erzählung gekleidet, in Wirklichkeit ein tyrannischer Bürgermeister gewesen, der sich durch einfühlsame Bemühungen von Franz zu einem friedlichen Stadtpräsidenten von Gubbio gewandelt habe.

Die Kraft, locker zu lassen, der Mut zum Dialog und die Geduld, einem schwierigen Konflikt auf den Grund zu gehen, können Instrumente sein, heikle zwischenmenschliche Knoten zu lösen.

Armer Bruder Judas

Dauerhafte Harmonie gibt es nicht in dieser Welt. Das Paradies ist längst verloren, der Weg zurück verschüttet. Keinem Menschen ist es mehr möglich, in den Schoss der Mutter zurückzukehren. Es gibt wohl paradiesische Augenblicke: wenn zwei Menschen einen Konflikt aufgearbeitet haben und sich nun umarmen, wenn ich mit mir im Gleichklang schwinge, wenn eine Beziehung glückt... Momente nur, dann sind wir wieder jenseits von Eden.

Harmonie ist der eine Lebenspol, Konflikt der andere. Viele Menschen empfinden Konflikte als negativ. Sie wagen es nicht, einem Streit geradewegs ins Angesicht zu schauen, ihn kennenzulernen, die Auseinandersetzung mit ihm aufzunehmen, ihn als Botschafter aus dem Schattenreich zu begrüssen, ihn als dunklen Bruder dem Licht entgegenzuführen. Viele Menschen schleichen sich davon, wenn es Konflikte gibt. Sie glauben nicht daran, dass es sie im Leben weiterbrächte, wenn sie den Kern des Konfliktes freilegten. Alles, was nach Konflikt aussieht, bedroht sie. Sie verdrängen. Aber die Wiederkehr des Verdrängten ist gewiss.

Konflikte sind mühsam. Aber wenn ich die Anstrengung nicht scheue und mich durch hartnäckigen Widerstand durchkämpfe, hält der Konflikt in seiner Tiefe einen wunderschönen Edelstein für mich bereit. Eine neue Lebensvision funkelt mir entgegen. Sie lädt mich ein, sie anzunehmen. Lange Zeit habe ich sie unter Verschluss von mir ferngehalten, mit allen Tricks. Jetzt bietet mir der Konflikt die Chance, mich besser zu verstehen, klarer zu erkennen, welche Mechanismen zwischen mir und anderen Menschen am Werk sind. Ich lerne, mit ihnen umzugehen. Das ist nur möglich, weil ich mich dem Konflikt auch wirklich gestellt habe.

Jesus und Judas verband ein grosses gemeinsames Anliegen: ihr Kampf gegen die verhasste Wirtschafts- und Militärmacht der Imperatoren des römischen Weltreiches. Sie schlugen allerdings zwei unterschiedliche Wege vor, der römischen Besatzungsmacht in Palästina die Stirn zu bieten. Judas wollte nach der Art der Partisanen mit Waffengewalt die Römer aus dem Land vertreiben. Jesus vertrat die Meinung, es sei sinnvoll, sich konsequent nicht am Lebensstil der Römer zu beteiligen. Passiver Widerstand, lautete die Strategie Jesu. Er legte seinen jüdischen Glaubensgenossen nahe, eine alternative Kultur *ohne* die Römer zu leben. «Gebt dem Kaiser *zurück,* was dem Kaiser gehört...» (Mk 12,17)

Ich kann mir vorstellen, dass Jesus und Judas härteste Auseinandersetzungen miteinander ausgefochten haben, ohne einander zu verteufeln. Der Verteufelungsprozess setzte aber bald ein. Das offizielle Christentum hat den Weg Jesu zur göttlichen Vorsehung erklärt und Judas' Handeln als Verrat abqualifiziert. Die Nachwelt sah in Jesus das Gute, das Richtige, die einzige Wahrheit. Judas lastete sie das Böse, das Falsche, die Verirrung an.

Judas tut mir leid. Er hat doch nur eine Alternative praktiziert. Wer ist denn eigentlich interessiert daran, diese zu verteufeln? Doch nur Menschen, die es nicht aushalten, mit Alternativen umzugehen, Fundamentalisten, die gar nicht anders leben zu können glauben als mit einer einzigen Wahrheit. Sie sind es denn auch, die Judas-Projektions-Figuren kreieren, indem sie die Alternativen, die durchaus auch in ihnen existieren, als böse abspalten und sie anderen Menschen anlasten.

Jesus wollte sich klar darüber werden, wie mit den Römern umzugehen sei. Erst über eine längere Entwicklung fand er seine Überzeugung. Während dieses Prozesses war Judas vielleicht ja bloss der dunkle Bruder Jesu – eine andere Möglichkeit, die der Nazarener zwar nicht wählte, aber auch nicht verunglimpfte.

Ich allein habe recht!

Streit. Zwei geraten sich heftigst in die Haare. Immer schwerere Geschosse treffen den Gegner. Keiner hört mehr, was der andere sagt. Jeder spürt nur noch sich selber. Ein erbitterter Kampf um Sieg und Niederlage ist entbrannt. Jeder will recht haben. Die Fronten sind verhärtet. Keiner rückt von seinem Standpunkt ab.

In jungen Jahren haben wir erste grundlegende Erfahrungen mit dem Leben gemacht. Tief haben sie uns geprägt. Irgendeinmal haben wir sie geordnet und zu unserem Lebensfundament erklärt. An diesem haben wir uns fortan orientiert. Alles Fremde prallte am unverrückbaren Sockel jenes Fundamentes ab, auf welchem wir unseren Standpunkt errichteten und verfestigten. Das geschah auf weite Strecken unbewusst, kann aber heute verheerende Folgen nach sich ziehen.

Auch unsere beiden rechthaberischen Streithähne stehen wie festgemauert auf ihren frühkindlich aufgebauten Standpunkten. Das ist ihr Boden. Das ist ihre Heimat. Dort kennen sie sich aus. Etwas anderes lassen sie nicht zu. Der andere auf seinem Sockel entartet zum bösen Feind, der sie bedroht. Nun geht es um den Sieg des stärkeren Standpunktes.

Die beiden Streitenden sind unfreie Menschen. Sie verabsolutieren ihre eigene Weltanschauung. Von Angst getrieben, klammern sie sich an das einzige bisschen Boden unter den Füssen und sind überzeugt, der Feind trachte nur danach, es zu zerschlagen. In die Ecke gedrängt, blasen sie selber zum Angriff, um dem Gegner zuvorzukommen und ihn entscheidend zu schlagen.

Wenn den beiden *eine* Einsicht gelänge, wenn sie sich *darauf* einliessen, wenn sie *diese* Spur aufnähmen und wirklich einschlügen, könnte sich aus einem fruchtlosen Vernichtungswahn ein Verstehensprozess entwickeln. Es ginge darum, neben ihren jahrzehntealten Standpunkten, Resultat ihrer ersten kindlichen Erfahrungen, *andere* Lebensweisen wahrzunehmen, kennenzulernen und vielleicht sogar anzunehmen. Das aber hiesse, neuen Erfahrungen die Tore zu öffnen.

Wie ein Fluss, der ewig in Bewegung bleibt, möchte unser Leben fliessen: Erfahrungen verdichten sich zu tragenden Standpunkten, die sich auf neue Einsichten hin auflösen, welche erneute Standpunkte erlauben, die neuen Sichtweisen Platz machen...

Was heute wahr ist, kann morgen nicht mehr gelten. Was morgen nicht mehr gilt, kann übermorgen wahr sein. Könnte dieser Lebensfluss unsere Kampfhähne befreien? Wenn Wahrheit nicht in Stein gemeisselt ist, sondern fliessen darf, werden Menschen einander nicht besiegen, sondern verstehen wollen.

Macht nichts, lieber Stein!

Ich habe diese Geschichte erfunden und lege sie hier vor, weil ich glaube, sie erzähle vom Leben, von den Möglichkeiten und Verhaltensweisen vieler Menschen:

> Am Rande eines Feldweges liegt ein Stein. Hier lebt er schon seit vielen Jahren. Er begrüsst den

Regen, wenn er auf ihn niederfällt. Ein anderes Mal freut er sich an den Sonnenstrahlen, die seinen Körper erwärmen. Rundum zufrieden geniesst er seinen festen Standpunkt.

Eines Tages regnet es wieder in Strömen. Als der Regen nachlässt, geschieht etwas, das der Stein nicht bemerkt. Die Wasserbäche, die eben noch an all seinen Seiten in die Erde drangen, sickern nur noch als dünne Rinnsale in den Boden. In solch einem Rinnsal hat sich ein Samenkorn versteckt. So ganz nebenbei lässt es sich vom spärlich fliessenden Wasser mit in die Erde hineinnehmen. Direkt unter dem Stein vertrocknet das Rinnsal und lässt das Samenkorn liegen.

Bald ist die richtige Zeit gekommen. Das Samenkorn keimt. Ein hellgrünes Spitzchen durchstösst die Schutzhülle. Die Sehnsucht nach oben beginnt. Aber schon nach kürzester Wegstrecke stoppt ein dunkles, schweres Hindernis jäh den ersten Lebensdrang: der Stein. Das Samenkorn ärgert sich. «Muss ausgerechnet so ein blöder Stein mir den Weg zum Licht hin versperren», wettert es. Wie es auch stösst, sich stemmt und gar flucht – die schwere Last über ihm weicht nicht vom Fleck. «Hast du denn kein Einsehen? Merkst du nicht, wie schlecht es mir deinetwegen geht? Kannst du nicht Rücksicht nehmen? Du siehst doch, dass ich zugrunde gehe, wenn du mir nicht hilfst!» beschuldigt das

Samenkorn den Stein. Müde, resigniert und vom Leben enttäuscht, schläft das Samenkorn schliesslich ein. Es träumt: Ein Samenkorn ist in den warmen Schoss der Mutter Erde gefallen. Neugierig tastet es seine Umgebung ab. Bald spürt es eine Lust, sich auf den Weg zu machen und selbständig das Leben zu gestalten. Voller Hoffnung bricht es auf. Bald stösst es auf einen Stein. Der liegt dummerweise direkt über ihm und verriegelt ihm den Weg zur Sonne. «Macht nichts, lieber Stein!» versichert das Samenkorn das besorgte Schwergewicht über ihm. «Bleib ruhig, wo du bist! Ich weiss mir schon selber zu helfen!» Liebevoll streichelt es den Stein und wächst an seiner Seite empor, dem Leben entgegen.

Das «Samenkorn der Geschichte» stösst an eine Grenze. Leider fehlt ihm die Phantasie, schöpferisch mit ihr umzugehen, um sie so zu überwinden. Der Stein ist schuld. Er wird dafür verantwortlich gemacht, dass das Samenkorn leiden und sogar aufgeben muss. Der Traum wird zur Schlüsselstelle. Er öffnet eine neue Perspektive: Das «Samenkorn des Traums» sieht sich vor dieselbe Grenze gestellt. Aber es weiss sich selber zu helfen. Das ist ihm nur möglich, weil es sich auf die Energien und Kräfte besinnt, die in seinem Innersten darauf warten, aktiviert zu werden. Es redet nicht von Schuld und Leiden. Es freut sich an seinen kreativen Möglichkeiten.

Enthauptet wegen Dienstverweigerung

Ich sitze in der katholischen Kirche des oberösterreichischen Dorfes St. Radegund an der Salzach. Auf 19.30 Uhr ist Rosenkranzgebet angesagt. Die Kirche ist halbvoll. Frauen und Kinder machen die grosse Mehrheit aus. Mit scheuem Blick betritt die Mesnerin den Altarraum, um die Kerzen anzuzünden. Das ist Franziska Jägerstätter, Witwe jenes Mannes, dem mein Besuch in St. Radegund gilt. Nichts in diesem Barockkirchlein deutet sonst auf den ausserordentlichen Lebensweg dieses einfachen Bauern hin, der jener politischen Unheils-Figur bis zum Letzten die Stirn bot, welche ganz in der Nähe, in Braunau, geboren wurde. Nur draussen, an der Kirchenwand, erinnert ein schlichtes Grab an den 9. August 1943. An diesem Tag wurde der Wehrmachtsverweigerer Franz Jägerstätter aus St. Radegund im Brandenburger Zuchthaus zu Berlin enthauptet. Als die Österreicher im Frühjahr 1938 zu den Abstimmungslokalen gerufen wurden, um über den Anschluss an Hitler-Deutschland zu entscheiden, legte Jägerstätter als einziger Dorfbewohner ein klares Nein in die Urne. Nach aussen hin wurde sein Stimmzettel unterschlagen. St. Radegund «glänzte» mit einem makellosen Abstimmungsresultat für den Anschluss. Jägerstätter trat den einsamen Weg eines Aussenseiters an, dessen Dienstverweigerung ihm den Tod brachte.

Franz Jägerstätter versuchte sein Christsein unter

schwierigsten Bedingungen ernst zu nehmen, ohne Anspruch darauf, dereinst in die Reihe der Märtyrer aufgenommen zu werden. Er sah sich vor die Frage gestellt, wem er zu gehorchen habe, dem, was die Mehrheit in seinem Lande zu tun beschlossen hatte, oder dem christlichen Liebesgebot. Franz stellte sich der Anfrage des Gewissens. Er hatte zwei Möglichkeiten. Er kannte die äussere Stimme, jene Stimmung im Wirtshaus und auf dem Dorfplatz. Diese votierte klar für Hitler. Jägerstätter wäre vielleicht heute noch am Leben, hätte er die Gewissensfrage zugunsten der äusseren Stimme gelöst. Er entschied sich nicht dafür. Nach langen Beratungen mit sich selber und mit seiner Frau beschloss er, seiner inneren Stimme zu folgen. Dabei ermutigte ihn eine Sentenz aus der Bibel: «Man muss Gott mehr gehorchen als den Menschen!» (Apg 5,29)

Jägerstätter hat ein Zeichen gesetzt. Er hat die Überzeugung seiner inneren Gewissensstimme mit seinem eigenen Blut glaubhaft besiegelt.

Die Rosenkranzbeter von St. Radegund haben die Kirche längst verlassen. Ich stehe am Grab ihres einstigen Mitbewohners und betrachte die Photos von neun jungen Menschen, die über dem Grab aufgemacht sind. In ein paar Tagen wird sie der Bischof firmen. Er wird mit der Gemeinde ein Fest feiern, weil Gott neun junge Menschen darin bestärken (firmare!) will, dass Menschwerdung durch Widerstand möglich wird, auch wenn dieser Widerstand im Grab endet. Das Grab war für Christen ja noch nie das letzte Wort über dieser Erde!

Den «Teufel» umarmen

Schauplatz ist die Stadt Aarau im Schweizer Mittelland. Die Szene spielt zu der Zeit, da sich die Menschen des ehemaligen Staates Jugoslawien einen entsetzlichen Bürgerkrieg liefern. Empört über die Bedingungen, die sie miserabel finden, verlässt eine kleine Flüchtlingsgruppe aus dem Vielvölkerstaat im Südosten Europas ihre offiziell zugewiesenen Unterkünfte. Niemand versteht, warum sie das tut. Auf der Stelle treten die Medien in Aktion. Das Fernsehen befragt die aufgebrachte Wortführerin und versucht, der mühsam nach Worten suchenden Frau Gründe für das Verhalten der Flüchtlingsgruppe zu entlokken. Die Zeitungen berichten über den Vorfall und wähnen sich imstande, zu wissen, warum diese Menschen unzufrieden sind.

Die Reaktion im Land folgt postwendend. Die einen ärgern sich, dass die Schweiz solchen Leuten die Grenze öffnet und ihnen gar noch eine Unterkunft anbietet. Sie verstehen nicht, warum Flüchtlinge in der Fremde lauthals und arrogant auftreten, wo sie doch still und dankbar sein sollten, in Ruhe etwas essen und irgendwo ungestört schlafen zu dürfen. Andere schämen sich für unsere fremdenfeindlichen Mitbürgerinnen und Mitbürger. Ihnen ist es ein Anliegen, verfolgte Menschen aufzunehmen und sie so zu akzeptieren, wie sie sind. Sie glauben, in unserem Lande sei noch genug Platz für Tausende vertriebener Menschen.

Zwei Verhaltensmuster auf den Flüchtlingsstrom aus dem Bürgerkriegsgebiet in Bosnien-Herzegowina. Beide Reaktionsweisen bringen auch bei der Schweizer Bevölkerung Aggressionen an die Oberfläche. Sie machen bislang unklare fremdenpolitische Positionen deutlich. Spannungen verdichten sich auch hierzulande. Es bilden sich Meinungsblöcke. Die Mechanismen laufen ab wie in jedem anderen Konflikt: Feindbilder werden aufgebaut! Sie dienen dazu, die Welt in gut und böse zu spalten. Je besser es der einen Gruppe gelingt, die andere zu verunglimpfen, desto mehr glaubt sie, selber in strahlendstem Licht dazustehen. Die Unsicherheiten und Ängste in der eigenen Gruppe werden verdrängt. Dafür wird der Feind entsprechend dem Masse der eigenen Verdrängung verunsichert, verängstigt und angegriffen.

Wenn es gelingt, zuzulassen, dass auch der Feind mit seiner Position ein Stück Wahrheit vertritt, bedeutet dies den Einsturz des eigenen Feindbildes und gleichzeitig den Anfang eines Friedensprozesses. Die Wahrheit der einen Gruppe verbindet sich mit der bis anhin verteufelten Wahrheit der andern. Der «Teufel» kann umarmt werden!

Dauerhafter Friede kann nicht *gegen* meinen Feind entstehen, auf die Dauer auch nicht *ohne* ihn, sondern nur *mit* ihm.

Friedensarbeit braucht Symbole. Sie sind nicht bloss Zeichen, die auf etwas aufmerksam machen. Symbole sind mehr. Sie regen an, zu verwirklichen, was sie zeigen. Auf einer Fahrt durch die Westbank bin ich an der israelisch-jordanischen Grenze einem Friedenssymbol begegnet. Unvermittelt ragt es meterhoch aus dem Wüstensand dem Himmel entgegen. Der israelische Künstler Tomarkin hat aus verschiedenen aktuellen Waffen eine eindrückliche Plastik komponiert. Aus jeder Waffe hat er einen bestimmten Bestandteil herausmontiert. Keine ist also mehr imstande, zu schiessen und zu töten.

Die Stirn getroffen

Kein Denker hat für mich so treffend formuliert, was mit einem Mythos gemeint ist, wie Friedrich Schiller:

> Alles wiederholt sich nur im Leben,
> Ewig jung ist nur die Phantasie:
> Was sich nie und nirgends hat begeben,
> Das allein veraltet nie.[2]

Auch die Erzählung von David und Goliath (1. Sam 17,1–54) ist ein Mythos. Er schildert, wie ausgerechnet ein Kind imstande ist, in einer ausweglosen Situation eine überraschende Lösung vorzuschlagen:

> Die heidnischen Philister erklären Israel wieder einmal den Krieg. Bevor es zur Schlacht kommt, bieten die Philister Goliath, einen ihrer stärksten Männer, zum Zweikampf an. Der Hüne tritt aus den Schlachtreihen seiner Waffengenossen auf das offene Feld hinaus. Da steht er. Unbesiegbar. Ein Held. Bewehrt mit Helm, Brustpanzer und Beinschienen. In der rechten Hand hält er den Wurfspiess schon zum Schleudern bereit. Ein Schildträger begleitet ihn in respektvoller Distanz. Goliath zieht alle Register, das verängstigte Heer der Israeliten zu verhöhnen. Er weiss genau, dass diese ihm keinen gleichwertigen Partner zum Kampf entgegenstellen können.
>
> Auf dem Höhepunkt der Spannung meldet sich im Lager der Israeliten ein Junge, fast noch ein Kind: David. Er will gegen Goliath antreten. Hämisches Gelächter bei den Philistern. Peinliche Betroffenheit im Heer der Israeliten. Ohne Zögern eilt der kleine David auf den Riesen Goliath zu. Rüstung gegen Hirtenhemd. Mächtig gegen ohnmächtig. Verstand gegen Herz. Sicherheit gegen Lächerlichkeit. Realität gegen Phantasie... David greift zur Steinschleuder

und bringt den Recken Goliath mit einem einzigen Wurf zur Strecke.

Mit der Geschichte von David und Goliath gerät der sogenannte gesunde Menschenverstand ins Kreuzfeuer der Kritik. Nicht immer ist er es, der als einzige Möglichkeit in Frage kommt, wenn es darum geht, eine vertrackte Lebensfrage heilsam zu lösen. Mit einem gekonnten Wurf trifft David die Stirn Goliaths. Er zerstört damit des Hünen Verstand und schaltet dessen Denkvermögen aus. Die vielgerühmte Ratio ist ratlos geworden. Das Normale, das Berechenbare fällt zusammen. In dieser spannungsgeladenen Konfliktsituation, in welcher die beiden Heere sich gegenüberstehen, bringt der Verstand als Lösungsinstanz nicht weiter. Das ist die Chance des Kindes. Es ist Symbol für das Neue. David deutet auf andere Quellen der Konfliktlösung hin, die nun fliessen möchten: das Herz, die Phantasie, kreative Ideen.

Der Held ist vom Sockel gestürzt. Panzern, abwehren, siegen, Taktiken aushecken sind keine Namen mehr für die heraufkommende neue Welt. So oft hält die farbige und unverbrauchte Landschaft des Unbewussten tausend Möglichkeiten bereit, die das schwitzende Bewusstsein mit seinem Brett vor dem Kopf nie sehen kann.

«Kindlein in der Wiege auf dem Meer»

Wir sind unterwegs im nordfriesischen Wattenmeer. Während wir uns der Hallig Hooge nähern, gibt Kapitän Tadsen wieder einen seiner markigen Sprüche zum besten: «Auf Hooge ist das Pfarrhaus doppelt so gross wie die Kirche! Der liebe Gott braucht eben nur halb so viel Platz wie der Pfarrer!»

Halligen sind eigenartige Gebilde. Sie ragen als kleine Landflächen nur knapp aus der Nordsee heraus. Im Frühling und Herbst ertönt oft der Ruf: «Land unter!» Dann stürmt die Nordsee mit voller Gewalt über die Halligen hinweg und deckt fast die ganze Landfläche zu. Nur ein paar buckelförmige kleine Hügel können sich noch über dem schäumenden Meer halten: die Warften. Sie bleiben trocken. Auf diese Warften haben die Einwohner ihre Häuser gebaut. Hier leben sie.

Das Schiff hat angelegt. Wir sind auf Hallig Hooge, mieten uns Fahrräder und radeln zu Pastor Looft. Auf «seiner» Warft stehen nur die Kirche und das Pfarrhaus. Kapitän Tadsen hatte übrigens recht. An diesem gewöhnlichen Mittwochnachmittag ist das Gotteshaus auf der Kirchwarft fast voll besetzt. In einer der hinteren Kirchenbänke sitzt, leicht an die Wand gelehnt, Pastor Looft und erzählt:

Ihr vom Festland, euer Lebensrhythmus erschöpft sich in Tag und Nacht. Die Nacht verschlaft ihr. Wir auf der Hallig haben noch ein anderes Zeiterleben. Wir haben Ebbe und Flut. Das Meer rückt näher und zieht sich wieder zurück. Wir leben mit dieser ewigen Bewegung des Kommens und Gehens. Selbst wenn «Land unter!» gemeldet wird, bleiben wir ruhig! – Nun schaut gut unter die Bänke! (Wir bemerken erst jetzt, dass beinahe der ganze Kirchenboden mit Sand aufgefüllt ist!) – Seht ihr, es gibt Zeiten, da verwandelt sich das Meer in eine reissende Bestie, fegt selbst über die Warften und überflutet sie. Aber wir haben gelernt, *mit* unserem Meer zu leben. Wir lassen das Wasser kommen, öffnen ihm die Kirchentür, lassen es herein – später wird es sich im Sand verlieren. Wir haben unsere Warften errichtet, keine Deiche! Die Deiche fordern bloss die blanke Wut des Meeres heraus.

Sie wollen die Flut abwehren. Mal lässt sie dies zu und sucht andernorts ihr Opfer, mal bricht sie durch die Deiche und verwüstet, was sie nur findet. Die Menschen hinter den Deichen müssen Angst haben! Wir hier auf den Warften fürchten uns kaum!

Wir verlassen nachdenklich die Kirche von Hooge. – Was ist denn eigentlich heilsam im Umgang mit Menschen, die mir Mühe bereiten? Deiche aufbauen gegen sie? Abwehren, wenn sie mich angreifen? Oder sie auf mich zukommen lassen? Sie hereinbitten?

«Kindlein in der Wiege auf dem Meer» heisst die Kirche auf Hallig Hooge. Die Erinnerung an Mose im Binsenkorb liegt auf der Hand. Mose schläft in seiner kleinen Arche getrost und behütet der Rettung entgegen. Die Bewohner von Hooge sind mutige Menschen. Ihr Weg, mit dem «Feind» umzugehen, überzeugt mich.

Der Ziegenbock will nicht in die Wüste

Die sich unschuldig wähnen, sitzen zusammen. Einer meint: «Wir müssen nun alles daransetzen, den Schuldigen herauszufinden! Wir werden ihn bestrafen! Dann wird Ruhe einkehren!»

Stimmt nicht! Es wird keine Ruhe geben. Nichts ist gelöst. Es ist nur ein Sündenbock ausgemacht worden. Mehr nicht. Einer wurde als schwarzes Schaf gebrandmarkt. Alle übrigen sind weissgewaschen. Findet der «Schuldige» jetzt Ruhe? Ist ihm die Möglichkeit gegeben worden, an sich zu arbeiten und dazuzulernen? Können die «Unschuldigen» gelassen damit leben, ohne jegliche Schuld zu sein? Was haben *sie* dazugelernt?

Die Juden feiern Jahr für Jahr ihr Versöhnungsfest. An diesem Tag nimmt der Hohepriester einen Ziegenbock, lädt ihm alle Sünden des Volkes auf und schickt ihn in die Wüste, wo er irgendwo zugrunde geht (3. Mose 16). Ich kann dem Gedanken viel abgewinnen, dass die Juden Sünde und Schuld innerhalb der Grenzen ihrer Gemeinschaft nicht dulden wollen. Die Art und Weise, wie sie das tun, macht mich aber skeptisch. Das Ritual, welches hier gefeiert wird, ist dann gewinnbringend, wenn ein jeder, gestärkt durch das Symbol des Ziegenbockes, nach Hause geht, sich überlegt, wie er *seiner* persönlichen Schuld begegnen will, und den Weg der Versöhnung auch wirklich beschreitet.

Ich erinnere mich an die Zeit, da ich als Junge Samstag für Samstag zur Beichte marschierte. Woche um Woche habe ich die gleichen Sünden gebeichtet. Tag für Tag habe ich dieselben erneut begangen. Wie Dreck versuchte ich meine Kindersünden abzuwaschen. Niemand hat mich gelehrt, wie ich es vielleicht anstellen könnte, erst gar nicht mehr «schmutzig» zu werden. Der geheimnisvolle Priester im dunklen Beichtraum war für mich ein bequemer «Ziegenbock». Auf ihn konnte ich alles abwälzen. Bei mir geschah nichts.

Ich rede nicht gerne von Schuld. Wer einen Konflikt mit dem schwarzweissen Einteilungsgerät «Schuld – Unschuld» angeht, der dürfte um zwei Gefahren nicht herumkommen. Die bekanntere ist die, von sich selber abzulenken und die Schuld anderen in die Schuhe zu schieben. Die weniger häufige Form besteht darin, wie ein Opferlamm alle Schuld der Welt auf sich zu laden.

Wenn es darum geht, einen Konflikt aufzuarbeiten, rede ich lieber von Anteilen aller am Konflikt Beteiligten. Es interessiert mich, welche Kräfte, welche Absichten, welche Zwänge, welche Ideologien bei welchen Konfliktbeteiligten in welcher Form mit welcher Wirkung im Spiel waren. Diese Arbeit eröffnet jedem Konfliktpartner die Möglichkeit, die eigenen Anteile zu erkennen und sie zu bearbeiten. Es führt nicht weiter, in einem Konflikt zu *werten*. Dieser Weg endet über sinnlose Beschimpfungen in der Sackgasse. Viel heilsamer könnte es sein, die Mechanismen und Zusammenhänge, die zur Auseinandersetzung führten, zu *verstehen*. Alle, die in den Konflikt miteinbezogen waren, sitzen rund um das Textil-Bild, das sie im Prozess ihrer Auseinandersetzung gewoben haben, und versuchen, Faden um Faden in die Hände zu nehmen, den Weg der Fäden freizulegen und so zu entflechten, was verworren und versteckt als «Konflikt-Komposition» vor ihnen liegt.

Wenn ich verstehe, heisst das nicht, dass ich einen Mörder leichten Herzens freispreche. Ich könnte ihn aber vielleicht in einer gemeinsamen Verstehens-Arbeit aus seinem leidvollen Gefängnis befreien, das darin besteht, nicht zu wissen, was ihn im Tiefsten zu seiner schrecklichen Tat geführt hat. Die Sühnearbeit bestünde in erster Linie darin, sich mit den erkannten unheilvollen Kräften zu versöhnen, um nach diesem Prozess an sich selber nicht in Wiederholungszwang zu verfallen, sondern ein Stück weit friedensfähiger den Weg durchs Leben fortzusetzen.

«Es gibt nichts so Grausames
wie die Normalmenschen!»
(Hermann Hesse)

Die Maus am Fusse des Sandhügels

Ein riesiger staubtrockener Sandhügel türmt sich vor mir auf. Eine Maus versucht schon seit längerer Zeit, die Spitze des kegelförmigen Haufens zu erklimmen. Ihre kurzen Beine krallen sich mal für mal in die bewegliche Sandfläche. Ein paar Zentimeter schafft sie es vorwärts. Dann rutscht sie zurück. Immer wieder versucht sie es von neuem, immer wieder, endlos. Ich weiss nicht, was sie dazu treibt, diesen trostlosen Sandhaufen hochkrabbeln zu wollen. Spürt sie denn nicht, dass ihr Unterfangen nutzlos ist? Warum sieht sie nicht ein, dass sie nie und nimmer an ihr Ziel gelangen wird? Der Berg aus Sand wird stärker sein. Wenn sie so weitermacht, wird sie immer schwächer werden. Ihre Kräfte werden sie verlassen. Am Ende wird sie erschöpft aufgeben müssen. Was hat sie dann davon?

Ich ärgere mich über die Sturheit dieser Maus. Sie ist dumm! Hat sie nicht mehr Realitätssinn? Gerade ihr Tierinstinkt müsste ihr klar vor Augen führen: Kleine Maus, dieser Berg ist für dich eine Nummer zu gross! Bleibe unten! Sei bescheiden! Gib auf!

Schon will ich mich einmischen und die Maus mit einem Käseköder in eine andere Richtung locken, da bemächtigt sich meiner ein gegenteiliges Gefühl. Zunehmend freue ich mich, dass die Maus es noch und noch versucht. Erstaunlich, wie zäh sie ist. Sie muss doch fühlen, dass das sandige Hindernis unüberwindlich ist. Warte doch ein klein wenig, tapfere Maus, bald wird es regnen. Der Sand wird dann fest, und du füsselst leicht den Berg hinauf, dem Ziel entgegen!

Dieselbe Maus, derselbe Sandhügel, dieselbe Anstrengung des kleinen Tieres – aber zwei unterschiedliche Gefühle in meinem eigenen Herzen, zwei verschiedene Lebensgrundhaltungen: deprimiert, niedergeschlagen, resigniert, verzweifelt auf der einen, hoffnungsvoll, optimistisch, zäh, unerschrocken, selbstvertrauend auf der anderen Seite.

Die Maus bringt die «conditio humana» zur Sprache. Ein Mensch kann, vor seiner meterhohen Lebensaufgabe stehend, deprimiert feststellen: Mein Gott, ich fang schon gar nicht erst an! Ich packe es ohnehin niemals! Ein anderer spuckt in die Hände: Lasst mich zugreifen! Ich fühle mich stark! Der Lorbeerkranz des Siegers winkt!

Dem Deprimierten wünsche ich, dass ihm sein freudloser Realitätssinn nicht jegliche Hoffnung auf überraschende Lebenswenden raubt. Dem Optimisten gönne ich eine heilsame Grenzerfahrung.

Ein Krebs geht vorwärts!

Vielleicht erzählt diese Geschichte auch ein Stück weit aus Ihrem Leben:

> Ein junger Krebs trug schon lange eine Idee in seinem Herzen. Hin und her gerissen zwischen Mut und Angst fand er eines Tages zur Klarheit. Er entschloss sich, in Zukunft nicht mehr rückwärts zu laufen wie seine Artgenossen. Er wollte lernen, sich vorwärts zu bewegen.
> Heimlich begann er zwischen den Steinen im Bach zu üben, unaufhörlich. Als er seiner Sache sicher war und die neue Gangart beherrschte, rief er seine Familie zusammen, um ihr vorzuführen, welch ausserordentliche Fertigkeit er sich angeeignet habe. Seine Geschwister lachten ihn aber bloss aus. Sie wollten bald einmal nichts mehr von ihrem Bruder wissen.
> Die Mutter brach in Tränen aus und beklagte ihren Sohn, der einst ihr Sonnenschein gewesen und nun so abnormal geworden war.
> Der Vater sah dem Treiben seines Jungen eine Zeitlang zu und befahl dann in barschem Ton: «Schluss jetzt mit dem Unfug! Wenn du bei uns bleiben willst, dann lauf, wie Krebse es von alters her gewöhnt sind: rückwärts! Wenn nicht, dann geh fort und komm nie wieder zurück!»
> Zwar liebte der junge Krebs seine Familie innig, aber der Wunsch, Neues zu erfahren, war stär-

ker als alle Verbindung zu Eltern und Geschwistern. Er verabschiedete sich also und krabbelte vorwärts davon, einer neuen Zeit entgegen.
Bald traf er einen alten Krebs. Der schaute ihn sehr traurig an und murmelte: «Als ich jung war wie du, wollte ich den Krebsen auch beibringen, vorwärts zu gehen. Schau her, was diese Idee mir eingebrockt hat: Von allen verlassen muss ich seit Jahren allein hier leben. Keiner spricht auch nur ein Wort mit mir!» Der junge Krebs hörte sich an, wie der greise Artgenosse sein Schicksal beweinte. Ohne ein Wort zu sagen, setzte er seinen Weg unerschütterlich fort – vorwärts...[3]

...Ich weiss nicht, was aus ihm geworden ist. Noch immer ist er nämlich unterwegs, in Menschen, die heute *ihren* persönlichen Weg durchs Leben suchen!

Die Geschichte vom jungen Krebs wirft Fragen auf. Sie rührt an unsere Lebensvorstellungen. Im kleinen Krebs, in seinen Geschwistern, in seiner Mutter, in seinem Vater oder im alten Krebs begegnen wir uns selber wieder, so wie wir sind, wie wir sein und nicht sein möchten. Die Geschichte fragt uns an:
Auf welche Weise spielt die Erzählung in mein Leben hinein? Welcher Figur gilt meine Sympathie? Welche Rolle lehne ich ab? Welches Verhalten ärgert oder ermutigt mich?

Die Schülerinnen und Schüler einer meiner Schulklassen haben ihre eigene, persönliche «Krebs-Geschichte» geschrieben. Sie haben sich mit dem jungen Krebs identifiziert und am Ende nicht schlecht gestaunt, was «ihr Krebs» (= sie selber) alles erlebt hat. Sie haben begriffen, dass es nicht bloss um eine Geschichte geht, sondern um die Sehnsüchte und Nöte ihres eigenen Lebensentwurfes. Wir haben zusammen herausgefunden, dass die Erzählung vom jungen Krebs sehr wohl im Fach Religion ihren Platz finden darf. Hat denn nicht ein gewisser Jesus von einem Vater erzählt, der zwei Söhne hatte, von welchen der eine in die Welt hinauszog, um seine Erfahrungen mit dem Leben zu machen?

Ganz von selbst beginnen Sie *Ihre* Krebs-Geschichte zu erzählen: Ein Krebs brach auf...

Wie geht es dir?

Halb entspringt sie wohl einer momentanen Verlegenheit, halb löst sie ein gutes Gefühl aus, halb signalisiert sie den Willen zur Aufnahme einer Beziehung, halb ist sie einfach ein alltägliches Ritual – ich meine die Frage: «Wie geht es dir?»

Einen Menschen echt zu fragen, kann von grösster Bedeutung sein: Ich nehme mein Gegenüber ernst, erwarte etwas von ihm, gebe ihm das Gefühl, wertvoll zu sein. Wenn ich frage, ohne schon eine Antwort im Sack zu haben, öffne ich den Raum zu einer möglichen menschlichen Begegnung. Zwei Menschen gehen auf den Weg. Sie suchen. Was sich daraus entfaltet, ist offen. Fragen schliessen auf.

Anders kann die Antwort wirken. Sie droht, abzublocken und einem Entwicklungsprozess den Atem zu rauben, noch ehe dieser überhaupt begonnen hat. Menschen, Institutionen mit fixen Antworten schaffen zwei Klassen: eine wissende und eine unwissende. Ihr missionarisches Sendungsbewusstsein lässt keine Fragen zu.

Macht ist keine Freundin kritischen Nachfragens. Nichts bringt den Thron der Mächtigen mehr ins Wanken als beharrliches Anfragen jener, die sie mit unumstösslichen Antworten klein und unmündig halten wollen.

Einer hat es meisterhaft verstanden, Fragen zu stellen: der griechische Philosoph Sokrates. Der weise Alte aus längst vergangener Zeit hat seinen Schülern nicht fertiggekochte Ergebnisse seines Denkens serviert. Er hat sie gefragt, immer wieder befragt, hartnäckig nachgefragt und sie auf diese Weise dahin geführt, eigene Einsichten zu gewinnen. Sokrates vermochte selbstherrliche Alleswisser gezielt vom Sockel zu holen. Er hat ihnen Fragen gestellt, bis sie zugeben mussten, dass ihr vermeintliches Wissen in

Tat und Wahrheit klägliches Nichtwissen war. Bescheidene Menschen aber hat er durch geschicktes Fragen zu gesundem Selbstbewusstsein angeregt.

Antwortende Menschen sind wissende Menschen. Sie sind leicht bei der Hand, ihr Wissen zum Dogma zu erheben und es andern anzudrehen. Sokrates war nicht von dieser Sorte. Meist wusste er selber nichts und hat erst im Dialog mit andern eine vorläufige Einsicht vorangetrieben.

Greenpeace am St. Gotthard

Am Nordportal des Gotthardtunnels treten zwanzig Frauen und Männer in weissen Overalls in Aktion: Greenpeace im gezielten Einsatz für die Bewahrung der Mitwelt. Mit drei schweren Lastwagen blockieren sie blitzschnell die Strasse und stellen sich als Menschenkette davor. Innert weniger Minuten bildet sich ein rasch anwachsender Stau. Nervengeplagte Chauffeure von Schwertransporten lassen ihren Aggressionen freien Lauf. Ihre Wut über die Greenpeace-Leute schwappt auf die anderen Verkehrsteilnehmer über. Man verschwistert sich auf offener Strasse und beschliesst, sich selbst zu helfen. Wenig später schleifen aufgebrachte Autofahrer die Umwelt-Demonstranten von der Strasse. Die Polizei nimmt die Greenpeace-Kämpfer fest und zeigt sie an.

Der Strassentunnel am St. Gotthard kann wieder frei befahren werden. Der Spuk ist vorbei.

Die Aktivisten von Greenpeace sind Ketzer unserer Zeit. Sie stehen für Werte ein, welche die herrschende Gesellschaft vergessen hat: Die Natur hat Vorrang gegenüber dem Profit! Wohngebiete sind vor Lärm zu schützen! Produktion am Ort erspart widersinnige Lastentransporte durch halb Europa! Wir sind als Menschen nicht Herren über die Erde, sondern nur Teilnehmer am ewigen Spiel des «Stirb und werde» der Natur.

Ketzer stehen quer. Sie sind Anwälte einer unterdrückten Wahrheit. Eine Zeitlang lassen die Herrschenden sie gewähren. Dann schlägt der Arm der Mächtigen zu. Erbarmungslos landen die Ketzer im Abseits, früher auf dem Scheiterhaufen, heute im Gefängnis, in psychiatrischen Anstalten oder im gesellschaftlichen Niemandsland. Das gefährliche Virus ist dingfest gemacht. Die herrschende Gesellschaftsordnung kann störungsfrei weiterfunktionieren.

Der französische Jesuitenpater Pierre Teilhard de Chardin war der Ansicht, die Wahrheit werde immer als Ketzerei geboren! Tatsächlich: Was sich später als wahr, wohltuend und heilsam zeigt, wird zuerst beargwöhnt, verpönt und ausgegrenzt.

Das Anliegen der Ketzer verbirgt sich in ihrem Namen. Ketzer kommt vom griechischen Wort «Katharoi». Die «Katharoi» sind Menschen, die dem ungetrübten, durch keine Ideologie verschmutzten Lebendigen zum Durchbruch verhelfen wollen. Ketzer unterwandern Normen, die sich in einer Gesellschaft zur Stützung der Mächtigen absolute Geltung erschlichen haben. Ketzer leben alternativ. Das ängstigt jene, die das Sagen haben. Ihre Angst treibt sie dazu, Ketzer auszurotten. Sie haben nicht die Grösse, ketzerische Ideen *neben* die geltende Ordnung zu stellen, damit im Wettstreit der Lebensformen das Lebendige sich durchsetze.

Jesus war ein Ketzer. Was hat sich doch dieser protzige Römergünstling Herodes schon vor dem neugeborenen Jesus gefürchtet und in einem gigantischen Handstreich vermeintlich dafür gesorgt, dass nur ja nicht eine andere Lebenspraxis an seinem Thron nage. Alter-nativ heisst anders/neu-geboren. Ketzer tauchen dort auf, wo die Welt im argen liegt und das Lebendige gefährdet ist – zum Beispiel am St. Gotthard.

«Das ist nun einfach mal so!»

Es gibt bestimmte Sätze, die jede Initiative im Keim ersticken. Sie verbreiten ringsum Resignation. Kein Mensch wagt es, sie anzuzweifeln. Sätze wie diese nehmen jeder Unternehmungslust den Wind aus den Segeln: «Da kann man halt nichts machen!» – «Das macht man seit Urzeiten so bei uns!» – «Das ist nun einfach mal so!»

Wer so spricht, der ist höchst interessiert daran, dass alles beim alten bleibt. Peinlichst genau achtet er darauf, dass keine neuen Ideen oder gar eine andere Praxis Raum gewinnen. Er glaubt unerschütterlich, das Bestehende sei einzig möglich und richtig. Verbissen hält er daran fest, dass das, was jetzt gilt, durch nichts anderes abgelöst wird.

Ein Mensch, der auf diese Weise denkt und fühlt, schaut rückwärts. Traditionen bestimmen ihn, vermitteln ihm Sinn und Orientierung. Traditionen sind Überlieferungen aus alter Zeit. Wenn das, was sie weitergeben, lebt und zum Leben anregt, wenn unter der Asche noch Feuer brennt, dann sind Traditionen unermessliche Schätze, die dem Menschen helfen, sich im Dickicht von Fragen, Nöten und Sehnsüchten zurecht zu finden. Erloschene Traditionen verführen dazu, die tote Vergangenheit wie ein Mausoleum zu verehren. Der Blick in die Zukunft ist verschleiert, eine neue, menschlichere, lebendigere Welt unmöglich. Übrig bleibt wie ein Gespenst der stets selbe, blutleere Satz: «Das ist nun einfach mal so!»

Diese Geschichte stiftet zu einer anderen Lebenspraxis an:

Auf einer schroffen Meeresinsel lebte einst ein kleines Volk. Den Menschen lag viel daran, friedlich zusammenzuleben. Recht und Gesetz sollten sie darin unterstützen. Es galt aber eine Tradition, Ehebrecherinnen besonders hart zu bestrafen. Man stiess sie über den Schwarzen Felsen hinaus, damit das wilde Meer sie verschlinge.
Eines Tages wurde eine Fischersfrau wegen Ehebruch angeklagt. Die Frau aber fühlte sich unschuldig und wollte dem Gericht erklären, sie halte Liebe nicht für eine verbrecherische Tat. Für dieses eine Mal zeigten die Richter sich gnädig und gewährten der Frau drei Wochen Zeit, ihre Schuld einzugestehen. Wenn sie dann noch immer auf ihrer Ansicht beharre, solle sie noch vor dem Frühläuten ins Meer gestürzt werden.
Nach drei Wochen erschien die Frau wieder vor den Herren Richtern. Ihre Meinung hatte sie nicht geändert. Das Urteil wurde einstimmig gefällt und am folgenden Tag vollstreckt.
Bald darauf aber ging die Kunde von Mund zu Mund, man habe den Fischer und seine Frau gesehen. Tatsächlich fand man die beiden friedlich beieinander. Das kam so:
Als der Fischer von der Untreue seiner Frau hörte, erfasste ihn tiefer Schmerz. Er trauerte darum, dass seine Vorstellung von Treue zerbrach. Dann besann er sich, denn er liebte seine Frau auch jetzt, da sie Wege ging, die er nicht

begriff. Von neuem Lebensmut beseelt, machte er sich auf und spannte in mühsamer Arbeit ein Netz in den Todesfelsen. Das Netz fing die Frau auf. Des Fischers bedingungslose Liebe rettete seiner Frau das Leben.

Ein ganzes Inselvolk war bereit, mit dem Satz «Das macht man seit Urzeiten so bei uns!» eine Ehebrecherin ins Meer zu werfen. Ein kurzer Lichtblick, der eine neue Lebensanschauung ermöglicht hätte, vermochte die Richter nicht vor dem Rückfall ins «Das ist nun einfach mal so!» zu bewahren.

Nur einer fand die Kraft, aus dem «Da kann man halt nichts machen!» auszubrechen. Er, der Mann, hat neues Leben geboren.

Aus der Haut fahren

Schlangen mag ich nicht. Mehr noch: Sie machen mich aggressiv. Wie ein unheimlicher Magnet ziehen sie mich an und stossen mich gleichzeitig ab. Der Anblick einer Schlange versetzt mich in erhöhte Spannung. Wie sie lautlos daherschleicht und züngelt, bemächtigt sich meiner der Wunsch, sie zu töten. Es ist, wie wenn ich über die Balkonbrüstung eines Hochhauses in die Tiefe schaute: Spannung!

Ich weiss, ich tue den Schlangen unrecht. Es ist mir noch nicht gelungen, mich mit ihnen zu versöhnen. Ich kann nicht ruhig auf eine Schlange zugehen. Dabei trug ich doch schon einmal eine junge Boa constrictor in meinen Händen! Sie war satt. Das wusste ich.

Wenn die Schlange in einem anderen Zusammenhang auftaucht, stehe ich gefühlsmässig auf ihrer Seite. Dann applaudiere ich ihr zu und ereifere mich für ihre Absichten.

Die Schlange war einst ein verehrtes Symboltier einer weiblich geprägten Kultur. In der biblischen Erzählung vom Paradies haben sie männliche Schriftsteller zur niederträchtigen Verführerin degradiert. Dabei war es doch die Schlange, welche die Initialzündung gab, damit die ersten Menschen ihr Leben selbständig in die Hände nahmen. Bis dahin hielt der alte Vater-Gott mit seinen Verboten Adam und Eva eifersüchtig in Schach, und diese dachten nicht im Traum an Aufruhr. Die Rollen waren klar verteilt. Nichts bewegte sich, bis die Schlange das Herz Evas erreichte. Adam konnte sich nicht dafür begeistern, Verantwortung zu übernehmen. Er war ein Feigling. Allzu sehr schon hatte er die Mann-Gott-Gesetze zu seiner eigenen Überzeugung gemacht. Die Tat der Schlange erinnert an einen der letzten weisen Einflüsse einer untergegangenen weiblichen Gesellschaftsordnung. Das aufsteigende Patriarchat konnte nicht anders: Es musste die Schlange verteufeln.

Isis, der altägyptischen Göttin der Lebensfülle, verhilft eine Schlange zur vollen Hoheit über das All. Noch steht ihr der Sonnengott Re im Wege. Der trägt ein Geheimnis in sich, das ihm mächtige Energien verleiht. Isis trachtet danach, ihm dieses zu entreissen. Sie verbindet sich mit einer Schlange und bittet diese, den Gott Re zu beissen. Die Schlange schlägt zu. Ihr fürchterlicher Biss veranlasst Re, sein letztes Geheimnis an Isis preiszugeben. Nun hat sie niemanden mehr über sich und kann ihren Schutz über die Erde voll entfalten.

Die Schlange praktiziert eine Eigenart, die für den Menschen beinahe archetypische Bedeutung erlangen könnte: Sie häutet sich. Dabei streift sie ihre alte Haut ab. Was ihr einst gedient hat, was sie früher geschützt hat, lässt sie los. Es ist alt und unbrauchbar geworden. Neues soll werden. Die Schlange wird zum Symbol der Wandlung, der zyklischen Bewegung des Lebens. Vielleicht ist es doch eine unabdingbare Voraussetzung für jegliches Wachstum: hie und da aus der Haut zu fahren!

«Ansprache zum Schulbeginn»

Szene in einem Kinderspielzimmer: Ein sechsjähriges Mädchen malt hingebungsvoll mit Fingerfarben auf ein grosses Stück Papier eine prächtige Wiese mit Blumen, Bäumen, Kühen, Pferden und Katzen.

Kleider und Hände sind bunt beschmiert mit Farben. Freudestrahlend springt das Mädchen zur Mutter. «Kind, wie schaust du denn wieder aus!» tadelt diese ihre Tochter. «Kannst du nicht aufpassen? Heute morgen hast du frische Kleider angezogen. Jetzt sind die schon wieder reif für die Waschmaschine!»

Die Mutter hat das Bild ihrer Tochter mit keinem Blick gewürdigt. Das Mädchen hat sein Gemälde irgendwo liegengelassen, sich auf Befehl der Mutter gründlich gereinigt und sich dann gelangweilt ins Kinderzimmer zurückgezogen.

Erich Kästner beschäftigt sich in seiner «Ansprache zum Schulbeginn» auch mit Kindern. Er sorgt sich allerdings in einer ganz anderen Art um junge Menschen:

> Liebe Kinder! Lasst euch die Kindheit nicht austreiben! Schaut, die meisten Menschen legen ihre Kindheit ab wie einen alten Hut. (...) Man nötigt euch in der Schule eifrig von der Unter- über die Mittel- zur Oberstufe. Wenn ihr schliesslich droben steht und balanciert, sägt man die «überflüssig» gewordenen Stufen hinter euch ab, und nun könnt ihr nicht mehr zurück! (...) Nun – die meisten leben so! Sie stehen auf der obersten Stufe, ohne Treppe und ohne Haus, und machen sich wichtig. Früher waren sie Kinder, dann wurden sie Erwachsene, aber

was sind sie nun? Nur wer erwachsen wird und Kind bleibt, ist ein Mensch![4]

In einem anderen Kinderzimmer: Ein fünfjähriger Junge ist ganz vertieft in das Bild, welches unter seinen Augen entsteht. Auch er malt mit Fingerfarben, und dies nicht nur auf der Papierfläche. Hose und Hemd scheinen auch zum Wald zu gehören, dem der Bub mit seinen Farben immer mehr Leben einhaucht. Nach einer Weile betritt die Mutter das Atelier ihres Sohnes. «Sag mal, was flüstert denn das Eichhörnchen dem Marder so liebevoll in die Ohren?» möchte sie gerne wissen. «Weisst du, die haben Streit gehabt miteinander, und jetzt möchte das Eichhörnchen ein Friedensfest vorschlagen!» ereifert sich der Kleine.

Lange plaudern Mutter und Sohn über das Leben im Walde. Der Junge merkt nicht, dass dabei oft genug von ihm selber die Rede ist, wenn er sich fürchtet im Dickicht, wenn er den Weg mühsam suchen muss oder wenn die Sonne die Tränen der Gräser trocknet.

Ich pflichte dem brasilianischen Befreiungspädagogen Paulo Freire bei: «Erziehung kann niemals neutral sein. Entweder ist sie ein Instrument zur Befreiung des Menschen, oder sie ist ein Instrument seiner Domestizierung, seiner Abrichtung für die Unterdrückung.»[5]

Meine pädagogische Absicht ist es, Menschen wachzuküssen, in ihnen wachzurufen, was sich entwickeln möchte, sie zu *ihrem* ureigenen, persönlichen Bewusstsein, zum Bewusstsein ihrer selbst, zum Selbst-Bewusstsein zu ermutigen. Im Verlaufe meines Lebens hat eine Einsicht in mir heranreifen können wie eine Blüte zur Frucht: Glaube nicht, andere Menschen müssten deine Ideen übernehmen! Bringe dich so ins Lebensspiel ein, dass du andere zu *ihrem* Leben beflügelst.

Ein rücksichtsloser Gott?

«Rücksicht nehmen» gehört in unserer Gesellschaft zu den vornehmsten Tugenden. Lobenswert ist es, stets rücksichtsvoll zu sein. So jedenfalls wird es noch heute ein anständiger Erzieher auf seine Fahne heften, zumal dann, wenn er einer christlichen Kirche angehört.

Ich bestreite, dass es immer am Platz ist, Rücksicht zu nehmen, und behaupte gar, rücksichtsvoll zu handeln, könne mitunter bloss eine Notlösung sein.

Kain ist schon seit Jahrtausenden zum rücksichtslosen Menschen gestempelt, wohl vor allem, weil er ausgerufen haben soll: «Bin ich denn der Hüter meines Bruders?» (1. Mose 4,9). Die gängige Moral ist gleich zur Stelle, ihn böse zu nennen, seinen Bruder

Abel als gottesfürchtigen, guten Menschen in den Himmel hochzujubeln. Ich kann diese Wertung nicht mitvollziehen, weil ich den alttestamentlichen Mythos von Kain und Abel anders lese. Ich finde keine Rücksichtslosigkeit bei Kain. Er tut mir sogar unsäglich leid. Sein Brudermord an Abel ist die fatale Konsequenz aus der Tatsache, dass er nicht in sich selber gründet. Sein ganzes Selbstwertgefühl schöpft er nicht aus der eigenen Mitte. Er bezieht es von aussen, von Gott. Kain opfert diesem genauso das Beste von dem, was er zur Verfügung hat, wie Abel. Gott aber weist Kains Opfer ab. Das trifft ihn zutiefst. Er kommt nicht darüber hinweg, von Gott verstossen, abgewiesen und in die Einsamkeit vertrieben zu sein. Die Quelle, die ihn bis anhin mit Selbstwertgefühl nährte, versagt den Dienst. In sich selber aber findet er nichts, was diesen Verlust ersetzen könnte. Aus lauter Verzweiflung geht er hin und bringt Abel um.

Wenn ich im Beziehungsdreieck Gott-Kain-Abel Rücksichtslosigkeit ausmachen müsste, dann sähe ich diese am ehesten bei Gott selber. Er ist es, der die Wertung in gut und böse zumindest provoziert. Ich finde jedenfalls keinen Hinweis darauf, wie Gott dem ausser Rand und Band geratenen Kain geholfen hätte, seine Mitte zu entdecken, so dass er fähig gewesen wäre, das Verdikt des Allmächtigen zu ertragen, ohne sich zu rächen.

Ich werde den Verdacht nicht los, dass Menschen, die überall und jederzeit Rücksicht fordern, keinen Halt, kein Fundament, keine Eigenständigkeit in sich aufgebaut haben. Deshalb schreien sie, wenn sich ihnen das geringste Hindernis in den Weg stellt, vehement nach Rücksichtnahme. Der andere muss stellvertretend für sie handeln, muss ihre Lücken füllen. Sie kommen nicht auf die Idee, Lösungen *in sich selber* wahrzunehmen. Was ist, wenn derjenige ausfällt, welcher ständig bereit ist oder auch genötigt wird, Rücksicht zu nehmen? Panische Angst steigt auf wie bei einem Baby, das für Sekunden das Gesicht der Mutter nicht mehr sehen kann.

Kein Mensch darf wohl, mit welchen Mitteln auch immer, gezwungen werden, Rücksicht zu nehmen. Sie kann nur freiwillig geübt werden. Das bekräftigt Hans Jellouschek mit diesen Überlegungen:

> ...Danach ist es unmoralisch, zu geben, was man nicht geben kann, auch wenn es der andere noch so dringlich verlangt. Beziehungen kommen dadurch nicht in Ordnung, sondern verstricken sich immer mehr, wenn einer, weil es der andere ja so dringend möchte, gibt, was nicht aus dem Herzen kommt, sondern aus schlechtem Gewissen.[6]

Der zerbrochene Teller

Eine meiner Nichten verbrachte bei uns ihre Ferien. Drei Jahre war sie alt. Beim Mittagessen sassen wir unter dem schattigen Kirschbaum. Meine Frau servierte feines Eis zum Dessert. Das Mädchen genoss mit grossen Kugelaugen und vielfachem «Hmm...» die Süssigkeit.

Als sie mit dem Eisschlecken fertig war, schob sie den Teller an den Tischrand, bewegte sich für einen kurzen Moment unachtsam, und schon lag der Teller zerbrochen auf dem Steinboden. Ein paar spannungsgeladene Sekunden der Stille. Meine Nichte wusste nicht, ob der Onkel nun schimpfen würde oder der Ferienbonus – ein Auge zuzudrücken nämlich – zum Zuge käme. Zumindest fand die Kleine die Sprache als erste wieder, und in einer Mischung von treuherzig und verschmitzt meinte sie: «Zum Glück hatte es kein Eis mehr auf dem Teller!» Meine Frau und ich schauten uns an. So kann man es natürlich auch sehen! Wir beiden Erwachsenen stellten eher fest: «Schon wieder ein schöner Teller kaputt!»

Drei Menschen – die gleiche Begebenheit – zwei völlig verschiedene Kommentare – zwei unterschiedliche Blickwinkel – je ganz andere Interessen: die Wahrnehmung des Kindes und diejenige von uns Erwachsenen – buchstäblich *zwei* Wahrheiten! Es stimmt: Es war gut, dass alles Eis schon aufgegessen war! Aber genau so viel hat die Ansicht auf sich: Schon wieder ein wertvoller Teller in Brüche gegangen!

Es gibt Wahrheiten, die als unverrückbare Sätze auf mich zukommen. Was Wahrheit ist, haben andere bestimmt. Ich übernehme sie, ohne sie zu hinterfragen. Vielleicht kann ich damit ganz gut leben. Was passiert aber, wenn ich spüre, dass die von andern formulierte Wahrheit mit meinen eigenen Wahrheiten nicht übereinstimmt? Welchen Weg schlage ich dann ein? *Meine* Wahr-nehmung ist genauso Wahrheit wie jene Sätze, die mir mit dem Gewicht der allgemeinen Gültigkeit und mit dem Anspruch, sie fraglos zu übernehmen, entgegenkommen. Wahrheit im Sinne von Wahr-nehmen ist Einklang mit mir selber. Das befähigt mich, aus einem stimmigen Fundament heraus auf die Wahr-nehmungen anderer Menschen zuzugehen.

Ich bin überzeugt, es gibt auf dieser Welt Wahrheiten wie Sand am Meer. Mir bereitet das keine Angst. Im Gegenteil. Das finde ich befreiend, weil so niemand auf der einzigen und absoluten Wahrheit sitzen kann, und weil tausend Wahrheiten Menschen miteinander ins Gespräch bringen können, gleichberechtigt, ob Kind oder Erwachsener, ob König oder Bettler!

«Was ist Wahrheit?» hat der römische Statthalter Pontius Pilatus Jesus gefragt – dieser Römer, der doch genau wusste, dass die Wahrheit ausschliesslich in Rom sass, beim Kaiser und sonst nirgends! Es stimmte ihn aber doch nachdenklich, als der einfache, ungebildete Nazarener bemerkte: Wahrheit ist keine Theorie! Sie blüht auf und trägt Früchte in der behutsamen, liebenden Begegnung von Mensch zu Mensch.

Im 6. Jahrhundert soll Papst Gregor der Grosse einmal festgestellt haben: «Besser es gibt Skandal, als dass die Wahrheit zu kurz kommt!» Ich lese diesen bemerkenswerten Satz wie ein Plädoyer für die Wahrheiten der kleinen, unbedeutenden Leute, die angesichts der offiziellen Wahrheit so leicht unter die Räder geraten.

Ich verstehe den Wunsch, endgültig und für ewig zu wissen, was wahr ist, den Wunsch nach dem Absoluten. Ein unbekannter Weiser ist diesem Wunsch in einem kurzen Gebet so begegnet: «Du, Gott, bist *die* Wahrheit! Mich aber lass ruhig und beharrlich ein Leben lang nach dieser Wahrheit suchen!»

«Freiheit ist das, was der Mensch aus dem macht, was aus ihm geworden ist.»
(Jean-Paul Sartre)

E manu capere

Das Wort «Emanzipation» löst unterschiedliche Gefühle aus. Je nach meinem hierarchischen Standort in der Gesellschaft begrüsse oder berargwöhne ich die Emanzipation. Meine Gefühle zu diesem Begriff sind das Resultat der Erfahrungen, die ich mit diesem Wort im praktischen Alltag gemacht habe.

«Emanzipation» ist ein Fremdwort. Es verstecken sich darin drei lateinische Wörter: *e manu capere*. Das heisst, *ich reisse mich los aus der Hand,* aus einer Pranke, die mich auf Biegen und Brechen festhalten will. Ich habe es satt, wie eine Marionette an fremden Fäden zu hängen. Die Ketten will ich ablegen, die Bande der Abhängigkeit durchtrennen. Aufrechter Gang ist angesagt. Ich gehöre keinem anderen als mir selber.

«Emanzipation» ist nicht bloss ein modernes Schlagwort. Sie kann ein Lebensprogramm sein.

Szenen einer Ehe: Der eine Partner kommandiert, bestimmt und beherrscht den andern. Dieser wehrt sich nicht. Er lässt es zu, dass er kontrolliert und dirigiert wird. Zwei Rollen prägen den Ehealltag. Der eine herrscht, der andere lässt sich beherrschen. Ein anderes Bild: Der eine Partner gleicht einem mächtigen Baum. Er steht unerschütterlich. Kein Sturm kann ihn entwurzeln. Ruhe, Sicherheit und

Geborgenheit strahlt er aus. Behende rankt sich der andere Partner als Efeu am Baumstamm empor. Aus sich selber kann das Efeu nicht leben. Perfid saugt es den Baumstamm aus und klammert sich wie eine Klette an ihn. Er gibt und gibt. Es nimmt und nimmt. Solange die beiden Partner auf diese Weise miteinander umgehen, verändert sich nichts. Unruhig wird es erst, wenn einer der Partner sich emanzipiert. Jetzt fallen die beiden aus ihren festgefahrenen Rollen. Wenn der eine seine Rolle nicht mehr spielt, kann sie der andere auch nicht mehr aufführen. Wie soll einer den andern beherrschen, wenn dieser sich nicht mehr beherrschen lässt?

Emanzipation formt aus einer Marionette einen Menschen, der von nun an fähig wird, sein Leben selber zu bestimmen. Emanzipierte Menschen lassen sich nicht von aussen lenken. Sie gründen fest in sich selber. Von niemandem sind sie abhängig, mit allem, was lebt, aber zutiefst verbunden.

Die Eierschale zerbricht, wenn das Küken ausschlüpft. Alte Strukturen bergen nicht mehr, sie fallen auseinander, wenn Menschen sich emanzipieren. Ausgediente Formen machen neuem Leben Platz. Emanzipation wirbelt durcheinander, schmerzt und stiftet Unruhe. Wer sich darauf einlässt, kann sein Leben selber in die Hand nehmen und aus dieser Erfahrung heraus sich neu auf Menschen einlassen, ohne erneut in einer Pranke festzusitzen.

Die Droge «Ägypten»

Die Geschichte des alttestamentlichen Volkes Israel kennt viele Höhepunkte. Einer davon war der Exodus, der Auszug aus der ägyptischen Knechtschaft. In Gebeten und Liedern preisen fromme Juden noch heute ihren Gott dafür. Sie verehren ihn als Gott der Befreiung. Er selbst war es, der sie ermutigte, die Unterdrückung durch den Pharao abzuschütteln und in die Freiheit aufzubrechen.

Die Erzählung des Exodus ist eine Emanzipationsgeschichte. Sie berichtet vom Ausbruch eines erstarkten Volkes aus schmerzlicher Abhängigkeit. Dieser Hebräerstamm wollte nicht länger Objekt von Mächten bleiben, die mit ihm Katz und Maus spielten.

Es kann sein, dass dieser Auszug ein paar Jahrhunderte vor der Geburt Jesu historisch wirklich stattgefunden hat. Ob geschehen oder nicht, ist hier nicht wichtig. Es geht vielmehr um die Wirkmacht des Mythos «Exodus». Was dem Volk Israel widerfahren ist, kann sich als emanzipatorischer Lernprozess zu jeder Zeit auch im Leben eines einzelnen Menschen oder in der Geschichte eines Volkes wiederholen.

Der Aufbruch der Hebräer ist gekennzeichnet von Erfahrungen, die das Leben jedes Menschen bestimmen und prägen können:

«Ägypten», Ort der Gefangenschaft, ist eine Lebenserfahrung, der jeder Mensch begegnen kann. Jakob zieht mit seiner ganzen Sippschaft nach Ägypten. In seinem Heimatland herrscht Hungersnot. Die Leute um Jakob sind dankbar für die übervollen Fleischtöpfe in der neuen Welt. Milch und Honig fliessen ohne Unterbruch. Das Überleben ist gesichert. Jakob und die Seinen erinnern sich im reichen Ägypten mit Schrecken an die Zeit, als sie in der alten Heimat hungern mussten.

Lieber wollen sie im fremden Land schuften, als zu Hause darben. Auf leisen Sohlen schleppt das Schicksal jenes Netz heran, in das sich die Israeliten durch ihre fragwürdige Lebenseinstellung zu verstricken beginnen. Fast unbemerkt geraten sie unter die brutale Herrschaft des Pharao. Die ägyptischen Retter entpuppen sich am Ende als Folterknechte. Die Hebräer arrangieren sich mit ihren Unterdrückern, akzeptieren die Machthaber und resignieren. Einer launischen Obrigkeit ausgeliefert, gefangen und abhängig, funktionieren sie bloss noch und vegetieren dumpf dahin. Alle Visionen von einem selbstbestimmten Leben sind in Angst und Mutlosigkeit ertrunken.

Was das israelitische Volk bei seinem Gang in die Knechtschaft erfahren hat, kann jedem Menschen widerfahren. In «Ägypten» sein, wird zu einem Mahnmal. Nach «Ägypten» geraten kann bedeuten:

in den Klauen eines autoritären Vaters, unter den Fittichen einer All-Mutter, in den Fängen einer totalitären Institution, im Sog einer fremden Ideologie, einer Sekte oder gar in den Wirrnissen seiner selbst zu landen. Die Gefahr ist gross, die Despoten geduldig zu ertragen und in Gott ein tröstendes Opium zu organisieren, dessen Genuss das triste Leben in «Ägypten» vergessen machen soll.

Der alttestamentliche Gott hat sich nicht als Droge missbrauchen lassen. Im Gegenteil. Er hat ein gedemütigtes Volk zum Aufstand angestiftet. So will er in allen «ägyptischen Verhältnissen» wirken, zu jeder Zeit, an jedem Ort. Das ist nicht der autoritäre Paradies-Gott. Hier ist der Gott des Lebens am Werk.

«Pharao»-Menschen

Die Exodus-Geschichte Israels kann sich überall wiederholen. Zu ihr gehört die Lebenserfahrung «Pharao». Wie einer der Götter verlangt er Unterwerfung und Ehrfurcht. Er will bedingungslos angebetet werden. Israel lebt in Ägypten in der realen Gefahr, Marionette des Pharao zu sein, einen Menschen wie Gott zu verehren und damit dem Götzendienst zu verfallen. Dem hebräischen Stamm in der Fremde stellt sich die lebenswichtige Frage: Ist es richtig, im schützenden Wind des Pharao leidlich gut zu leben, sich anpasserisch hochzudienen, weiterhin aus den schmackhaften Fleischtöpfen zu essen? Dabei nimmt die Gefahr zu, dass das Volk sich verkauft, dass es seine Selbstbestimmung verliert, von aussen gelebt wird, alles tut, um einer fremden Autorität zu gefallen, dass es die Würde verliert, sich selbst zu entfalten. Am Ende *haben* die Israeliten äusserlich fast alles, aber innerlich *sind* sie nichts mehr. Versklavt und unterjocht, ist ihnen jegliche Zukunftsvision abhanden gekommen. Das Wohlwollen des göttlichen Pharao ist ihnen gewiss. Aber sie sind ein saftloses Volk ohne Willen zur Selbstbestimmung geworden. Das ständige Schielen nach des ägyptischen Diktators gnädiger Zustimmung hat die Hebräer sich selbst entfremdet.

«Pharao» kann zu allen Zeiten menschliche Erfahrung werden. Er steht als zeitloser Begriff für all das, was den Menschen daran hindert, wirklich menschlich zu leben, das zu werden, was er sein könnte.

Ein «pharaonisches Gewissen» weiss sich blindlings verpflichtet, alle Befehle einer übergeordneten Instanz auszuführen. Diktatoren sind angewiesen auf Pharao-orientierte Menschen.

Ein Mensch mit einem «anti-pharaonischen Gewissen» wird zum Greuel aller Herrscher. Die Quelle seiner Lebensgestaltung liegt in der eigenen Tiefe. Seine Ethik gründet auf dem tragenden Fundament: «Du darfst! Du kannst!» Die Moral des Pharaogesteuerten Menschen ist trostlos: «Du musst! Du musst! Du musst!»

Wo treibt denn «Pharao» in meinem eigenen Leben sein Unwesen? Wo bin ich selber Pharao-gelenkt? Wie ist es dazu gekommen? Was kann ich tun, um mich davon loszureissen? Wo bin ich selber «Pharao»? Wie kann ich zur Befreiung aus pharaonischen Verhältnissen beitragen?

Frauen widerstehen

Der ägyptische Pharao leidet in seiner gottähnlichen Stellung an einer Krankheit, die alle Diktatoren befällt und sie mitunter zu unberechenbaren Massnahmen drängt: die Angst. Obwohl der Pharao sämtliche Register zieht, die hebräischen Gastarbeiter klein zu halten, befürchtet er, sie könnten sich gegen ihn erheben und ihn am Ende vom Thron stürzen. Pharao heckt einen mörderischen Plan aus und ist gewillt, ihn durchzuführen. Den hebräischen Hebammen befiehlt er: «Tötet alle neugeborenen Knaben! Die Mädchen lasst am Leben!» (2. Mose 1,15–16).

Dieser brutale Befehl ist ein klarer Auftrag zum Mord. Pharaos Taktik geht aber über den plumpen Tötungsbefehl hinaus. Sie ist viel raffinierter. Dem patriarchalen Denksystem verpflichtet, sucht er unter dem vermeintlich schwächeren Teil seines israelitischen Gastarbeitervolkes, den Frauen, Verbündete. Das ist eine alte Masche der Herrschenden. Man versucht mit einem Keil die Solidarität unter den Beherrschten zu sprengen! Die Unterdrückung des israelitischen Volkes in Ägypten ist auf dem Siedepunkt, die Krise zum Greifen nah. Es gibt bloss noch zwei Möglichkeiten: völlig einbrechen oder radikal ausbrechen!

Pharao hat sich mit seinen Vernichtungsplänen ganz gewaltig den falschen Finger verbunden. Frauen sind es, die jegliche Mittäterschaft am verwerflichen Vorhaben des Diktators verweigern. Sie stehen auf, leisten Widerstand, missachten die Befehle. Sie denken nicht im Traum daran, zu gehorchen. Frauen sind es, welche die Entscheidung fällen. Frauen erstarken. Sie wagen es, zu widerstehen.

Einer Frau aus dem Stamm Levi kommt eine besondere Rolle zu. Auch sie bekommt einen Sohn. Mose heisst er. Nie und nimmer denkt sie daran, ihn den blutrünstigen Knechten des Pharao zu überlassen. Sie versteckt ihn. Ausgerechnet die Tochter des ägyptischen Königs findet ihn. Solidarisch mit den Frauen der Israeliten, weiss sie, was die Not wendet. Sie nimmt ihn auf und lässt ihn unter ihrem Schutz aufwachsen.

Die Emanzipationsgeschichte des Exodus fördert einen weiteren Lebensimpuls zutage: die «Frauen».

Ihr Widerstand hat den Ausbruch der Hebräer aus dem ungeliebten Ägypten ermöglicht. Ohne weiblichen Ungehorsam hätte es die Heldentat des Mannes Mose nie gegeben.

Israel gewann seine Befreiung in einem Akt des Ungehorsams von Frauen gegen die Autorität des Pharao. Der alttestamentliche Exodus-Gott steht auf der Seite der Frauen. Er trägt kämpferisch-weibliche Züge.

Ein Drama im Garten

Mit Gartenarbeit beschäftigt, intensiv vornüber gebeugt, gerade daran, ein Beet für die Saat vorzubereiten, höre ich hinter meinem Rücken in unregelmässigen Abständen ein eigenartiges Flattern an der Hausmauer. Darauf ist noch jemand anderer aufmerksam geworden, wahrscheinlich längst vor mir: eine Katze. In einiger Distanz zu mir duckt sie sich in Lauerstellung. Wie ich mich nach dem unbekannten Geräusch umsehe, schnellt sie in Richtung Hausmauer, dreht blitzschnell fast im rechten Winkel wieder ab, weil sie spürt, dass ich meinerseits auf sie losrenne. Und weg ist sie.

Ein kleines Drama um ein grosses Thema:
Über dem ebenerdigen, halbgeöffneten Kellerfenster hängt schon seit geraumer Zeit ein feinmaschiges

Netz. Darin hat sich ein kleiner Vogel heillos verfangen, ein Grünling. Von Zeit zu Zeit reisst er all seine Kräfte zusammen und schlägt in Todesangst mit den Flügeln wild um sich. Er will die Freiheit wieder erlangen. Kann er denn wissen, dass er mit seinem ohnmächtigen Flattern die Katze gerade erst recht angelockt hat?

Jetzt kauere ich vor der hilflosen Kreatur. Ein Gefühl steigt in mir auf, das mich überwältigt. Ich spüre eine tiefe Zärtlichkeit für den Grünling. Vorsichtig mache ich mich mit ihm vertraut. Ich plaudere mit ihm, streichle ihn, versuche ihn zu beruhigen. Feder um Feder, Flügel um Flügel, Bein um Bein befreie ich ihn aus der Umschlingung mit dem Netz. Ein zitterndes Geschöpf ruht noch ein wenig in meiner bergenden Hand. Langsam öffne ich sie. Sekunden noch sitzt der Grünling auf meiner offenen Handfläche. Schon fliegt er weg. Er ist wieder frei. Die Lüfte gehören ihm. Von mir weiss er längst nichts mehr.

Müsste er mir dankbar sein? Sollte er nicht, wenn er denn dazu imstande wäre, anerkennen, dass ohne mich sein Leben zu Ende gegangen wäre? Bin ich nicht grossartig, gnädig, allmächtig, gütig...?

Ich stehe noch immer im Garten. Der Grünling wird sich irgendwo schon wieder vergnügen. Zurück bleibt in mir stille Freude ohne Ansprüche.

Wenn dasselbe Drama zwischen Menschen stattfände, und ich spielte dieselbe Rolle wie beim Grünling, dann würde ich gerne mein zärtliches Gefühl der verdienstlosen Freude behalten, jemanden in seiner Befreiungsbemühung aus gefährlicher Verstrickung ein Stück weit begleitet zu haben.

Luther und Rom

Ich liebe über alles das Wort «befreien». Wie vieles im Leben kennt auch «befreien» mindestens zwei Seiten. Die eine ist der engagierte und hartnäckige Kampf um die Befreiung aus vielfältiger Einengung, Abhängigkeit und Knechtschaft. Die andere ist die Antwort auf die Frage: Was geschieht nun mit deiner neu gewonnenen Freiheit? Manch einer fällt nach errungener Freiheit in eine tiefe Depression, weil ihm die Kräfte fehlen, mit dem erkämpften Geschenk schöpferisch umzugehen.

Der Augustinermönch Martin Luther hat sich aus der Schlinge des päpstlichen Machtapparates losgewunden. Hoffnung keimte mit ihm auf, jesuanische Impulse vermöchten nicht nur die Kirche, sondern gar die gesamte Gesellschaft vom Klassendenken befreien. Ganz nahe war Martin Luther dran, einer der Ahnherren der heutigen Befreiungstheologie zu werden. Er wurde es nicht. Nach siegreichem Freiheitskampf gegen das päpstliche Rom wusste er das brach vor ihm liegende Feld der Geschichte nicht herrschaftsfrei zu gestalten. Er fiel in die alten Muster zurück. Den ehemaligen Mönch plagte die Angst, seine Ideen könnten sich verselbständigen. In aller Eile unterwarf er sich und seine Gefolgschaft neuen Mächten und Zwängen: den weltlichen Fürsten. Es kam noch verheerender. Sein mönchisches Gottesbild war schon in jungen Jahren depressiv genug. Jetzt konnte er wenigstens zu einem Gott aufschauen, der ihm im Grunde gnädig gestimmt war. Luthers Gottesbild war aber noch weit davon entfernt, damit einen Gott der Befreiung zu verbinden. Es genügte ihm nicht, die Befreiungsbewegung der Reformation durch die Fürsten kontrollieren zu lassen. Luther verschrieb sich mitsamt seiner Reformation erneut einem übermächtigen Gott. Sich frei zu strampeln *von* etwas (Rom), beherrschte er meisterlich, frei zu sein *für* etwas (die Formung einer neuen Gesellschaftsordnung auf der Grundlage einer neuen, zur Freiheit animierenden Gottesvorstellung) schaffte er nicht.

Der Raum zwischen dem «frei sein von» und dem «frei werden für» ist gar nicht so leicht zu gestalten. Unterdrückende Strukturen sind gefallen, langjährige Gegner verschwunden. Fast schon lieb gewordene Feindbilder haben ihre Wirkung eingebüsst. Verlorengegangen ist auch das Gefühl, in der alten Unfreiheit doch wenigstens geborgen und geschützt gewesen zu sein. Man hat immerhin dazugehört. Das tat gut.

Jetzt ist die Nabelschnur durchtrennt, jene zur kleinkarierten Partei, zur dogmatischen Kirche, zum eifersüchtigen Ehepartner, zum krankmachenden Gott, zum bedrohenden Über-Ich. Wer bin ich jetzt? Ein im Wind treibendes Blatt? Ein entwurzelter Baum? Ein von allen Seiten geschlagener Gummiball? Angst überwältigt mich. Soll ich zurückkriechen, dorthin, wo ich zwar unfrei, aber behütet war? Schaue ich nach vorne? Es lebt doch tief in mir drin eine positive Lebenskraft, ein Selbst, ein Gott. Diese Energie will ich wachrufen, um mit ihr «frei zu werden für», um die Karten meines Lebens neu zu mischen, um gestaltend voranzuschreiten in meine eigene Zukunft.

Sprengt den Rahmen!

Evangelisch-reformierte Kirche Gottstatt in Orpund bei Biel. Konfirmationssonntag 1990. Mitten in meiner Predigt greife ich zu einem bis anhin versteckt gehaltenen Gegenstand, ziehe ihn über die Kanzelbrüstung, damit ihn alle sehen können...

... Liebe junge Menschen, schaut euch diesen Holzrahmen hier an! Fest ist er an allen vier Ecken verleimt – scheinbar. (Ich reisse das eine Rahmenstück von den übrigen weg. Die andern fallen dabei auch aus dem Lot.) Ihr seht, was ich mit dem Rahmen gemacht habe. Am Tage eurer Konfirmation gebe ich euch einen Auftrag mit auf den Weg: Sprengt als junge Christenmenschen da und dort den festgefügten, vielfach allzu hart verleimten Rahmen! Bringt die Ordnung durcheinander! Habt den Mut, auseinanderzureissen, was nicht mehr lebt oder gar Leben verhindert! Haltet das entstehende Ungleichgewicht eine Zeitlang aus! Es birgt in sich schon die Ruhe einer neuen, vielleicht heilenderen Ordnung! Nehmt die Teile, die vom gesprengten Rahmen herumliegen, wieder in die Hände und fügt sie neu zusammen, nach euren Vorstellungen!

Ein Rahmen kann wohl beheimaten und schützen. «Bleibt bitte im Rahmen, wenn ihr etwas ändern wollt!» würden euch andere vielleicht an dieser Stelle raten. Auf diese Weise habt ihr nurmehr wenige Möglichkeiten. Es wird eng und enger. Der Rahmen wirkt plötzlich wie ein Gefängnis. Er schafft ein «draussen» und ein «drinnen», ein «ausgeschlossen» und ein «eingeschlossen», ein «dazu gehören» und ein «fremd sein».

Sprengt den Rahmen auf gewinnende Weise, nicht nach der Art trostloser, tierisch-ernster Revolutionäre! Seid fröhliche, heitere, gelassene, aber hartnäckige Revolutionäre! Jene, die glauben, «im Bild (= Rahmen) zu sein», werden euch Vorwürfe machen. Besinnt euch auf die Stärke, die in euch erwachen und lebendig werden will. Kon-Firmation heisst «erstarken». Das Work «Kon» meint ein «mit», es erinnert daran, dass ihr nicht allein seid, dass andere *mit* euch sein wollen. Ihr werdet erfahren, dass ihr nicht nur ärgert, sondern auch herausfordert, nachdenklich stimmt, ermuntert, gar heilt!

Einer hat den Rahmen damals auch gesprengt: Jesus! Weil er den unantastbaren Sabbat missachtet und seine Vision einer anderen Lebensordnung nicht fallengelassen hat, haben sie ihn ans Kreuz gehängt, das römische Instrument der Disziplinierung von Aufrührern. Der Nazarener ist euch vorangegangen. Er hat dort den Rahmen gesprengt, wo er sah, dass dadurch volleres Leben möglich wird, wenn auch erst durch Schmerzen, durch Auseinanderfallen, durch Un-Ordnung hindurch.

Wenn ihr euch dazu bewegen lasst, auseinanderzusprengen, um neu zusammenzufügen, dann werdet ihr euch als lebendige Menschen wiedererkennen. Euer Werk gleicht dann einem Fussballspiel im Moment des Anpfiffes. Es ist offen für tausend Spielvarianten.

Die Karre in der Sackgasse

Was macht ein Mensch, der sich selber eingestehen muss: Ich bin mit meinem Leben hoffnungslos steckengeblieben! Ich komme mir vor wie ein blockiertes Rad! Nichts geht mehr! Fertig! Aus!

Ein solcher Mensch hat sehr wohl noch seine Möglichkeiten:
Er kann voller Wut fluchen und seine ganze Ausweglosigkeit aus sich herausschleudern, dem nächstbesten Menschen an den Kopf. Er sucht Schuldige. Das werden möglichst alle anderen Menschen, irgendwelche Umstände, eine ungünstige Sternkonstellation oder das Schicksal sein, ganz gewiss nicht er selber.

Es könnte einer auch philosophieren und sein Missgeschick mit klugen Überlegungen zu mildern versuchen. Psychologen würden dann sagen: er rationalisiert. Er konstruiert einleuchtende Gründe, warum er jetzt mit seiner Lebensführung in die Sackgasse geraten ist.

Er entscheidet sich zu beten und setzt auf eine Hoffnung, die schon viele Menschen tröstete: «Alles Gute kommt von oben!» Aber es ist so eine Sache mit dem Herrn im Himmel. Er lässt sich nicht gerne vorschreiben, was er zu tun habe. Manch einer betet und sieht nicht, dass seine Worte nur Lücken zu schliessen versuchen, die er besser mit seinem eigenen Tun füllte.

Er resigniert, gibt auf, wird depressiv und organisiert auf diese Weise gezielt oder unbewusst Hilfe, in Menschen nämlich, die es nicht mehr aushalten, ihn derart am Boden zerstört zu sehen.

Es gibt noch eine andere Möglichkeit:

Es bleibt ihm der Glaube an seine eigenen Kräfte. Erich Fromm weist auf eine Legende aus dem Judentum hin, die eindrücklich darlegt, was es auslösen kann, wenn ein Mensch angesichts eines Lebensproblems die besten Kräfte in sich bewegt und selber tätig wird, aus seiner schwierigen Lage herauszufinden:

> Die Israeliten waren im fremden Ägypten todunglücklich. Ägypten war eine Sackgasse für das hebräische Volk. Nach vielen Jahren in der Knechtschaft raffte es sich auf und erstarkte, den Ausbruch aus dem Gefängnis zu wagen. Erst kurz in der Freiheit, stellte sich schon eine erste Hürde quer: der Durchzug durch das Rote Meer. Als Mose den Stab über die Meereswogen ausstreckte, geschah nichts. Das Wasser teilte sich nicht. Das Wunder blieb aus. Erst als einer der Israeliten den Mut aufbrachte, ins Wasser zu springen, stob das Meer auseinander und die Hebräer konnten ungehindert das rettende Ufer erreichen.[7]

Der Engel mit dem Flammenschwert

Es gehört zu einer der schwierigsten Aufgaben des Menschen, Vater und Mutter zu verlassen, um in eigener Verantwortung sein Leben zu gestalten. Adam und Eva lebten eine Zeitlang im Paradies. Sie wussten nichts von Unglück, Trauer, Schmerz und Tod. Sie lebten in einem Zustand höchsten Glücks. Da gab es keinen Aufschub von Bedürfnisbefriedigung, keine Konflikte. Über allem wachte Ur-Vater Jahwe, der allmächtige, allwissende, allgegenwärtige, allewige Gott. Die ersten Menschen lebten lange Zeit im berauschend-ozeanischen Gefühl, von einem einzigen grossen Mutterschoss umschlossen und geborgen zu sein.

Dieser bewusst-lose Zustand fand ein Ende. Adam und Eva fällten einen folgenschweren Entscheid. Sie lehnten sich gegen den Befehl Jahwes auf. Mit voller Wucht wurden sie sich erstmals ihrer neuen Lebensumstände bewusst: sterbliche Menschen zu sein. Jahwe verstiess sie aus dem Garten der Lebensfülle und überantwortete sie ihrer eigenen Geschichte. Seither sehnen sich die Menschen immer wieder zurück nach Eden. Aber dies ist nicht ihre Aufgabe, wollen sie zu freien, eigenständigen Menschen heranreifen. Ihr Los ist es, Vater und Mutter, den paradiesischen Ort kindlicher Unbekümmertheit, hinter sich zu lassen und vorwärts zu schreiten, dem Himmel entgegen, jenem Ort der seligen Aufhebung aller schmerzenden Gegensätze. Diese Aufgabe wird sogar von Gott selber unterstützt. An den Eingang zum Paradies stellte er einen Engel mit zuckendem Flammenschwert, der es den Menschen für alle Zeiten verwehren sollte, zurückzukriechen in den Mutterschoss von Eden. Es bleibt des Menschen Schicksal, sich immer wieder zu verabschieden von seinen Kindern, von diesem einen Menschen, von seinem Haus, von einer liebgewonnenen Idee, von seinem Arbeitsplatz...

Der alttestamentliche Gott Jahwe beschloss einst, die Städte Sodom und Gomorra wegen der Sündhaftigkeit ihrer Bewohner dem Erdboden gleichzumachen. Einzig Lot und seine Familie gedachte er zu retten. Er schickte zwei Engel zu Lot, die ihn auffordern sollten, die todgeweihte Stadt Sodom schnell zu verlassen. Lot brach mit seiner ganzen Sippe auf. Die Sonne war gerade über der Erde aufgegangen, als er Zoar, die neue Heimat, erreichte. Jahwe liess unterdessen Feuer und Schwefel über Sodom und Gomorra regnen. Die Frau Lots schaute als einzige zurück. In diesem Augenblick erstarrte sie zu einer Salzsäule.

Ich kann Lots Frau gut verstehen. Es bereitete ihr enorme Mühe, die vertraute und liebgewonnene Heimat aufzugeben. In Sodom war sie, trotz der angeblichen Bosheit der Einwohner, tief verwurzelt. Sie war noch nicht fähig, loszulassen. Im Niemandsland zwischen dem Abschied vom Alten und dem Vertrautwerden mit dem Neuen stürzte sie in eine schwere Krise. Sie konnte sich nicht mehr bewegen. Lots Frau war ein Mensch, der im Sturmwind der Orientierungslosigkeit mit aller Kraft die Sicherheit suchte. Das war für sie Sodom. Das war aber zugleich auch die unbändige Sehnsucht nach dem Paradies. Die

Frau hielt es nicht für möglich, dass Zoar ihr neue Heimat schenken könnte.

Das Schicksal von Lots Frau teilen viele Menschen auch in unserer Zeit. Heil durch ihr Leben kommen sie wohl erst, wenn sie sich der Erfahrung von Verena Kast öffnen können: «Loslassen und abschiedlich leben.»[8]

«Was ich lebendig nenne?
Was nenne ich lebendig.
Das Schwierigste nicht scheuen,
das Bild von sich selbst ändern.»
(Christa Wolf)

Christiane Brunner, Franz Hohler, Niklaus Meienberg...

«Spinner und Narren hat es immer gegeben», steht auf einem Zettel geschrieben. Sonst nichts. Keine Unterschrift. Kein Absender. Ich ziehe das arg zerknitterte Stück Papier aus einem korrekt an mich adressierten Briefumschlag. Als Pfarrer bekomme ich hin und wieder anonyme Post. Ich öffne auch diese. Das ist oft spannender als ein noch so lieb gemeinter Fan-Brief. «Narr» nennt mich also jemand. Der Absender weiss wohl nicht, welch grossartiges Kompliment er mir da auf dem Postweg gemacht hat. Er selber dürfte es allerdings nicht so gemeint haben. Er wollte mich verunglimpfen.

Zwei Tage später finde ich ein offenes Blatt im Briefkasten. Dieselbe Schrift. «Narren gehören nicht in die Kirche», steht quer über das Papier gekritzelt.

In unseren Tagen ist der Narr zu einer einfältigen Fasnachtsfigur verkommen. Einst hat ihn seine gesellschaftskritische Rolle ausgezeichnet. Diese hat er heute komplett verloren. Seine Zähne sind stumpf geworden. Sein bissiges Mundwerk ist tot.

Das war nicht immer so. Im Mittelalter stand der Narr einmal im Jahr im Mittelpunkt. Es feierten jene, die sonst im Leben nichts zu lachen hatten, ihr «Fest der Narren». Die Gesellschaft stand kopf. Unten war oben, und oben stürzte unter spöttischem Beifall geradewegs in die Tiefe. Der Knecht spielte König. Den Kaiser lachten sie aus. Der Bub schlüpfte in die Kleider eines Bischofs. Die Magd war Herrin. Sehnlichst erwarteten die ewig klein Gehaltenen ihr Fest, um ihre Wut loszuwerden, die Mächtigen zu gängeln oder doch wenigstens eine Zeitlang ohne Angst den Kopf hochhalten zu können. Die Oberen fürchteten die treffenden Hiebe der für kurze Zeit in Narrenfreiheit lebenden Untertanen.

Vielleicht war es einfach, am mittelalterlichen «Fest der Narren» ein Narr zu sein. Es bedurfte gewiss einiger kritischer Intelligenz. Gefährlich aber war es damals nicht, zu herrschaftlich-erlaubten Zeiten ein Narr zu sein. Die höchsten Herren (er)duldeten es gnädig. Wer aber entschlossen war, das ganze Jahr über die Rolle eines Narren zu spielen, riskierte sein Leben. Es war nicht vorgesehen, zu Unzeiten Narr zu sein. Das vertrug die festgefügte Ordnung nicht, und noch weniger gestatteten es jene, welche diese Ordnung im Namen Gottes einzuhalten befahlen. Nur einer hatte das Recht, das ganze Jahr über Weisheiten zu verkünden: der Narr am Königshof. Gestattet wurde es ihm nur dann, wenn er dem Herrscher ganz allein den Spiegel der Wahrheit vor das Gesicht zu halten bereit war.

In Basels spitzzüngigen Schnitzelbänken scheint noch etwas vom einstigen Narrenfest des Mittelalters durchzuschimmern, obwohl ausgerechnet das Konzil von Basel im Jahre 1431 die fröhlichen Tage der Narren in Bausch und Bogen verdammt hat!

Wo sind sie heute, die Nachfahren der Narren aus früheren Tagen? Jene, die angstfrei und zu Unzeiten reden? Wie heissen sie? Franz Hohler? Christiane Brunner? Gehörte Niklaus Meienberg zu ihnen?

Ich habe meine beiden Zettel, auf denen mir Narrenehre zuteil wird, fein säuberlich aufbewahrt und versuche, dem ungewollten Kompliment gerecht zu werden – als Kirchenmann!

Wie Rabbi Susja

Der jüdische Gelehrte Susja dachte einst im Kreise seiner Schüler laut über sich selber nach:

> In der kommenden Zeit werde ich sicher nicht gefragt: Warum warst du nicht Mose? sinnierte Rabbi Susja. Man wird mich vielmehr fragen: Warum warst du nicht Susja? – Niemand wird mich schelten, nur weil ich nicht Elia war! – Keiner wird es mir als Schuld anrechnen, nicht Isaia gewesen zu sein oder sonst das volle Mass eines der grössten und gewaltigsten Glaubenden des jüdischen Volkes erreicht zu haben. – Fragen wird man mich: Warum bist du nicht gewor-

den, was du eigentlich hättest werden können, dich selber, Susja?

Es gibt Menschen, die von ihrer Umgebung in allen Belangen bestimmt werden. Sie werden gelebt. Werbeslogans diktieren ihre Bedürfnisse und steuern ihren Konsum. Von fremden Menschen lassen sie sich sagen, was sie zu denken haben. Unter dem Schutzmantel der Mehrheit gleichen sie ihr schwaches Selbstbewusstsein aus. Als Originale werden sie geboren. Als langweilige Kopien herrschender Massenmeinungen sterben sie.

Andere Menschen kämpfen darum, ihr Leben selber in die Hand zu nehmen. Sie stellen sich den Hürden und Anfragen, überqueren und lösen sie nach ihren ureigenen Vorstellungen. Es sind gewiss keine Menschen von der Stange, keine Serien-Ausgaben. Im Verlaufe des Lebens reifen sie zu unverwechselbaren Originalen heran. Sie werden «Susja», kommen sich selber nahe. Fähig, in sich selber zu ruhen, aus den eigenen Wurzeln Nahrung zu ziehen, sind sie imstande, mit anderen Menschen verbunden zu sein, ohne diese für eigene Zwecke zu missbrauchen. Vielleicht schöpfen sie Kraft aus der Sentenz des römischen Schriftstellers Livius. Der soll einst vertreten haben: «Oftmals ist die Minderheit der Mehrheit an Qualität überlegen!»

Menschen solchen Zuschnittes sind letztlich allein, aber nicht einsam. Sie sind allein und trotzdem nicht verloren, weil sie verbunden sind mit der Quelle des Lebens, mit dem nährenden Wasser der eigenen Tiefe.

Jesus aus Nazareth ist ein solcher Mensch geworden, einer, der mit sich selbst in Einklang lebte, ein authentischer Mensch. Er ist es im Verlaufe seines Lebens tatsächlich erst *geworden*. Er hat an sich gearbeitet. Auch Jesus hat sich um seine menschliche Identität gekümmert. Auf einer der vielen Wanderungen mit seinen Jüngern beschäftigt ihn erneut die Frage: Wer bin ich denn? Er lässt sich mit dieser Anfrage wieder und wieder auf einen Lernprozess ein, er selber, Jesus zu *werden*. Zunächst fragt er seine Wegbegleiter allerdings: Für wen halten mich die Leute? (Mk 8,27) Sofort ereifern sich die Jünger: Die einen glauben, du seiest Johannes der Täufer, andere meinen, du seiest Elia, wieder andere halten dich für einen der grossen Propheten. Jesus hätte genug Vorbilder gehabt, denen er hätte nachleben können. Er ist dieser Versuchung nicht erlegen. Ihr stattzugeben hätte bedeutet, den Erwartungen von aussen Genüge zu leisten. Der Nazarener ist den anderen Weg gegangen: Er ist sich selbst, er ist der unverwechselbare Jesus geworden!

Als 55jährige Frau hat man doch ausgeträumt!

Eine 55jährige Frau steckt schon seit einigen Jahren in der Sackgasse. Ihre Lebenszeit plätschert nurmehr dahin. Routine schleicht umher. Die Hoffnung hat sie verlassen, vom Leben noch einmal an die Hand genommen zu werden. Manchmal aber schweift sie am hellichten Tag von ihrer Arbeit ab und hängt einem Dasein nach, das schöner, voller, zuversichtlicher wäre. Eines Nachts träumt sie:

> Vorsichtig tappe ich in einem dunklen Gang vorwärts. An seinem Ende stehe ich vor einer Treppe. Stufe um Stufe steige ich in die Tiefe. Unten angekommen, will mich ein feuchtes, niederes Kellergewölbe fast zu Boden drücken. Es fällt mir schwer, mich zurecht zu finden. Plötzlich höre ich in einer Ecke ein Kind wimmern. Ich gehe zu ihm hin, hebe es auf und nehme es in meine Arme. Es ist ein Säugling. Ich habe das sichere Gefühl, ich selber hätte dieses Kind zur Welt gebracht. Mit dem Neugeborenen auf dem Arm taste ich die Kellerstiege zurück. Jetzt stehen an den Wänden auf einmal fremde Frauen. Sie lachen mich aus und fragen spöttisch: Ist das denn *dein* Kind, das du in deinen Armen trägst? Ich fühle mich elend und schäme mich. Gleich will ich den Säugling wegwerfen. Im nächsten Moment durchströmt mich ein tiefes Glücks-

gefühl. Ich gewinne die Überzeugung, dieses Kind, *mein* Kind behalten zu wollen.[9]

Der Traum dieser Frau bringt sie noch einmal mit ihrem Lebensstrom in Verbindung. Träumend empfängt sie Lebensimpulse, die sie nicht mehr für möglich gehalten hat. Sie erkennt in diesem Kind sich selber und sieht eigene, längst verlorene Sehnsüchte mit einem Mal wieder zum Leben erweckt. Mit 55 Jahren nimmt sie sich selber noch einmal behutsam wie ein kleines Kind in die Arme. Ihr Traum ermächtig sie, neue Wege zu beschreiten, Widerstand zu leisten, wo Ansprüche von aussen sie an die Wand spielen, schöpferisch zu sein, wo seit Jahren alles lahmliegt.

Im Traum hat die Frau eine ganz besonders heikle Aufgabe zu meistern. Für einen kurzen Augenblick ist sie höchst gefährdet, in ihr altes, trostloses Dasein zurückzufallen. Keifende Frauen wollen ihr weismachen, es schicke sich nicht, in ihrem Alter noch einmal auszubrechen und Neues zu wagen. Fast hätte die Träumerin ihr neues Leben wieder verworfen, nur um dem zu genügen, was «man» von einer Frau in ihrem Alter halt so erwartet.

Sie hat ihr «Kind» durch Widerstand hindurch behalten und sich damit selber angenommen. Nun lebt sie einer neuen Zukunft entgegen.

In den Brunnen steigen

In meiner Jugendzeit gab es bei uns zu Hause noch keinen Kühlschrank. Mutter schickte mich oft in den Keller, frisches Gemüse oder andere Lebensmittel zu holen, die leicht verderblich waren. Damals erfüllte der Keller die Funktion eines Frischhalteraumes. Also stieg ich hie und da in diesen tiefsten, dunklen und mitunter auch unheimlichsten Raum des ganzen Hauses hinunter. Manchmal vergrub Vater das Gemüse noch tiefer: direkt in die Erde hinein.

Der Mensch kann wohl erst ganzheitlich ein Mensch werden, wenn er nicht nur die bewusste Welt um sich herum wahrnimmt, sondern auch erfährt, was in seinen eigenen Tiefen vor sich geht, wenn er einsteigt, seine Innen-Welt kennenzulernen. In der Tiefe meiner selbst, im eigenen Keller warten vielleicht wertvolle Energien, die das Leben durchströmen wollen. Gefangen in dunklen Seelenräumen sind sie darauf angelegt, ans Licht des Bewusstseins geholt zu werden. Eine Geschichte erzählt von ein paar jungen Menschen, die sich darauf einliessen, den Gang in die Tiefe zu wagen:

> «Passt auf», meldet sich der Jüngste einer Geschwisterschar, «ich führe euch jetzt an einen geheimnisvollen Ort. Dort werdet ihr die Wahrheit über euch selbst erfahren, wenn ihr nur mutig genug seid, all das loszulassen, was sich

dem Weg zur Wahrheit entgegenstemmt!» Also machen sich die Geschwister mit ihrem jüngsten Bruder auf den Weg. Bald erreichen sie jene bestimmte Stelle, die sie ängstlich und doch neugierig erwarten. Am Ziel ihres Weges finden sie einen alten Brunnen. Wieder tritt der Jüngste in die Mitte seiner Brüder und Schwestern. Alsdann bittet er den Ältesten zum Brunnenrand. Vor aller Augen bindet der Jüngste seinen Bruder an einem Seil fest. Gemeinsam lassen sie ihn jetzt in den Brunnen hinunter. «Schau gut und freue dich an dem, was du in der Tiefe des Brunnens alles findest!» ermutigt ihn der Jüngste.
Schon halb im Brunnen drin packt den ältesten Bruder die nackte Angst. Er beginnt furchtbar zu schreien. Nichts hilft mehr, kein Zureden, kein Mutmachen. Den Geschwistern bleibt bloss noch übrig, ihn wieder hochzuziehen. Der Reihe nach ergeht es allen andern genau gleich. Nun ist der Jüngste dran. «Auch wenn ich noch so bitten und flehen sollte, mich gleich wieder zu euch ans Tageslicht zurückzuziehen – lasst mich hinunter bis auf den Grund», unterstreicht er unmissverständlich seine Absicht...[10]

... Sie möchten erfahren, wie es dem Jüngsten ergangen ist? Ich weiss es nicht. Dies zu wissen, ist nicht wichtig. Etwas anderes ist bedeutsam. Die Erfahrungen des Jüngsten könnten *unsere* Lebensgeschichte widerspiegeln. Der Brunnen ist unsere eigene Tiefe, jener unbekannte, oft Schrecken einflössende, aber auch Heilung schaffende Raum unserer menschlichen Existenz, unser Unbewusstes.

Viele Menschen leben nur in der Aussen-Welt, von allem gefesselt, was sie sehen, anfassen, ausrechnen können. Ihr Innen-Leben ist ausgeschaltet. Es interessiert sie nicht. Es ist tabu. Sie belächeln Menschen, die die Sprache der Träume verstehen wollen. Lieber bleiben sie auf dem Brunnenrand sitzen. Der Blick in die Tiefe erschreckt sie. Sie lassen Innen sich nicht mit Aussen verbinden. Der ungeliebte Brunnengrund schleicht sich dann auf anderen Wegen nach oben und treibt dort im selben Menschen sein Unwesen, als unerkannter, fremder Kobold aus einer verschmähten anderen Welt.

Die Christen bekennen in ihrem Glaubensgebet, Jesus sei «hinabgestiegen in das Reich des Todes». Sie wissen wohl nicht mehr, dass sie damit eine kostbare Wahrheit aus längst vergangenen Tagen in unsere verstandeslastige Kultur hinübergerettet haben. Jesus ist in den «Brunnen der Erneuerung» hinuntergestiegen. Dort hat er heilende Verwandlung erlebt, nicht Tod, nicht Hölle. Aus dem Schattenbereich wieder aufgetaucht, hat er den «Brunnen», das «Reich des Todes» als wohltuende Heilquelle bezeugt.

Alles ist vorläufig

Beglückende Momente im Leben sollten ewig dauern. Es müsste die Zeit stillstehen, damit die Freude nie mehr ende. Das Rad hätte bei der liebenden Umarmung ganz oben innezuhalten, um sich kein einziges Mal mehr nach unten zu drehen. – Menschliche Sehnsüchte!

Das Leben ist anders. Es gibt keine Ewigkeit in der Zeit, keinen immerwährenden Sommer, keine ewige Jugend, auch keine endlose Trauer. Alles ist vorläufig. Vorläufig ist das lange Leben einer Schildkröte, der Duft der Rose, vorläufig der stille Stolz der Berge. Leben trägt es in sich, vorläufig zu sein.

Das Zelt ist ein Symbol für dieses Lebensgesetz. Was stillsteht, verliert seine Lebendigkeit und droht zu erstarren. Leben wird geboren, wächst empor, blüht und vergeht wieder, eine Bewegung zwischen Ankommen, Abschied, Ankommen ... Hermann Hesses Gedicht «Stufen» verleiht der Vorläufigkeit allen Lebens treffenden Ausdruck:

> Wie jede Blüte welkt und jede Jugend
> dem Alter weicht, blüht jede Lebensstufe,
> blüht jede Weisheit auch und jede Tugend
> zu ihrer Zeit und darf nicht ewig dauern.
> Es muss das Herz bei jedem Lebensrufe
> bereit zum Abschied sein und Neubeginne,

um sich in Tapferkeit und ohne Trauern
in andre, neue Bindungen zu geben.
Und jedem Anfang wohnt ein Zauber inne,
der uns beschützt und der uns hilft, zu leben.

Wir sollen heiter Raum um Raum durchschreiten,
an keinem wie an einer Heimat hängen,
Der Weltgeist will nicht fesseln uns und engen,
Er will uns Stuf' um Stufe heben, weiten.
Kaum sind wir heimisch einem Lebenskreise
und traulich eingewohnt, so droht Erschlaffen,
Nur wer bereit zu Aufbruch ist und Reise,
mag lähmender Gewöhnung sich entraffen.
Es wird vielleicht auch noch die Todesstunde
uns neuen Räumen jung entgegensenden,
Des Lebens Ruf an uns wird niemals enden...
Wohlan denn, Herz, nimm Abschied und gesunde![11]

Immer wieder treten einzelne Menschen auf, den Lebensplan des Vorläufigen zu überlisten. Sie wollen Ideen verewigen, Institutionen und Reiche gründen, die nie mehr untergehen sollen. Sie halten stur an Theorien fest, auch wenn das fortschreitende Leben sie längst schon lächerlich gemacht hat. Ihr Interesse, den Fluss des Lebens aufzuhalten, enspringt der gigantischen Angst, sich den Veränderungen auszuliefern und in ihnen letztlich unterzugehen. Darum bleibt ihnen nur eine einzige Möglichkeit: das Leben total zu kontrollieren.

Jahrhunderte vor Hesse verkündete schon das alttestamentliche «Buch Prediger» dieselbe Weisheit: «...Es gibt eine Zeit fürs Geborenwerden und eine Zeit fürs Sterben...» (Pred 3,2)

Zwei Möglichkeiten sehe ich, dieser Weisheit zu begegnen: mühsam gegen sie anzukämpfen oder gelassen in ihren Rhythmus einzuschwingen.

Selbst-los?

Das Wort «Selbstverwirklichung» weckt Emotionen. Die einen ertragen es kaum mehr, wenn davon die Rede ist. Sie halten sich die Ohren zu und erachten diesen Modegag für eine besonders teuflische Variante des nackten Egoismus. Andere begrüssen die Idee der Selbstverwirklichung und schätzen sie als ein auserlesenes Juwel der Menschwerdung.

Als Kind hat man mir beigebracht, der liebe Gott freue sich ganz besonders, wenn ich etwas für andere Menschen tue. Nie habe ich gehört, dass meine christlichen Erzieher mich dazu angehalten hätten, ich solle auch für mich selber sorgen. Autoritäre Systeme lieben über alles selbstlose Menschen. Sie haben grösstes Interesse an Geschöpfen, die ihrer selbst nicht bewusst sind, die nie selbstbewusst werden wollen. Herrschaftssysteme haben die Selbstlosigkeit erfunden und sie zur Tugend erkoren. Für ihre Glaubwürdigkeit muss sogar Gott als Schirmherr der Selbstlosigkeit herhalten. Selbstlose Menschen sind erschreckend leicht zu manipulieren. Sie leben ohne ihr Selbst. Sie sind ihr Selbst los. Das «Selbst» ist das Fundament eines Menschen. Dort wohnt seine Würde. Dort ist er verankert. Wer diesen Anker losreisst, wer des Menschen Fundament zerschlägt, der raubt ihm seine Würde und macht ihn Selbst-los. Ein solch Selbst-loser Mensch wird wie ein Blatt im Wind herumgetrieben. Er ist haltlos.

Eine biblische Erzählung deutet in eine ganz andere Richtung:

> Die Jünger des Meisters aus Nazareth sind im Boot auf dem See. Plötzlich kommt ihnen Jesus auf dem Wasser entgegen. Die Männer erschrecken ob solch einer Gehweise. Da fasst Petrus Mut. Er will es auch versuchen, auf dem Wasser zu gehen. Für kurze Zeit gelingt es ihm. Dann aber schlagen die Wellen hoch. Er bekommt Angst und schreit um Hilfe. Jesus bietet ihm seine Hand und ermuntert Petrus, doch mehr zu vertrauen. (Mt 14, 22–33)

Die Erzählung schildert einen Jesus, dem alles daran gelegen ist, dass Petrus ein Selbst-bewusster Mensch wird. Jesus ist seinerseits bereits fähig, auch in grosser Gefahr «über das Wasser zu gehen». Dieses Bild meint: Jesus ist fest verankert in seiner eigenen Personmitte, in seinem Selbst. Petrus ist noch Selbst-los, Halt-los. Er ruht nicht in sich. Zerstörerische Kräfte können seiner noch habhaft werden. Seine Orientierungspunkte liegen ausserhalb seiner selbst. Jetzt, auf dem See wandelnd, verliert er plötzlich die Aussen-Orientierung aus den Augen. Aus ihm selbst erwächst kein Halt. Das bewirkt bodenlose Angst. Jesus versucht, verschüttete Lebensenergien in Petrus wachzurufen. Er mobilisiert dessen Selbst. Die Menschwerdung, die der Nazarener für sich erarbeitet hat, will er auch für andere Menschen.

Selbstverwirklichung kann nicht des Teufels sein. Im Gegenteil. Selbstbewusste Menschen gründen in ihrer eigenen Tiefe. Sie stehen in lebendigem Austausch mit sich selber. Sie verlieren jegliche Lebensangst, weil sie nicht mehr darauf angewiesen sind, dass andere Menschen zur Stelle sind, um in der Rolle von Lückenbüssern sie zu halten, wenn sie in den Wasserfluten des Lebens versinken.

Ein Mann träumt:

> Ich befinde mich in einer ungemütlichen Gegend. Es ist dunkel. Nieselregen fällt. Nebelschwaden schleichen umher. Plötzlich stosse ich auf mein Auto. Ich steige ein und fahre in rasantem Tempo auf eine Brücke zu. Ein reissender Wildbach droht die Brücke wegzuschwemmen. Schon überfluten sie die Wasser. Ich entscheide

mich, die Brücke trotzdem zu überqueren. Entschlossen gebe ich Gas. Der entfesselte Bach will mein Auto mitten auf der Brücke umstürzen. Aber ich schaffe es. Am andern Ufer empfängt mich eine friedliche Landschaft.

Das Auto (griechisch: autos = selbst) ist das Selbst dieses Mannes, seine innerste, heilschaffende Intuition. Durch Widerstände hindurch (Wildbach!) vertraut der Mann auf sein (Auto-)Selbst und findet seinen Frieden.

Vom «Himmel» getroffen

Saulus von Tarsus war ein fanatischer Pharisäer. Ihm ging es, wie all seinen religiösen Parteigängern, um die strikte Einhaltung des mosaischen Gesetzes. Verbissen kämpfte er dafür, dass dieses buchstabengetreu befolgt wurde. In wilder Entschlossenheit zog er gegen alle gottlosen Sünder zu Felde. Er trug nichts anderes im Sinne, als die eigene, pharisäische Vollkommenheit zu verteidigen und das Böse in der Welt anzugreifen und auszurotten. Saulus war ein gespaltener Mensch. Er war krank und konnte das Leben nur noch schwarzweiss sehen, auch sich selbst: Er lebte aus einem hellwachen Verstand und verdrängte seine Seele und sein Gemüt in den Bereich des dunklen Unbewussten. Saulus polarisierte. Was nicht seiner Ideologie entsprach, verteufelte er. So auch die junge Christengemeinde.

Saulus war gefangen im «Ich». Menschen wie er sind für mich Egoisten. Das lateinische Wort «ego» (= ich) steht für den gesamten Bereich des *Wissens*. Egoistische Menschen erklären ihr Bewusstsein zur einzigen Landschaft, die überhaupt existiert. In ihr allein bewegen sie sich. Sie setzen ihr «Ich» (= ego), den Ort des Bewusstseins, absolut. Genau dies tat auch Saulus. Für ihn gab es nur den Verstand. Das ganze Leben war eingefangen und kontrolliert von den 613 Geboten der Juden. Sie bildeten die normative Kraft alles Faktischen. Nichts zu suchen hatten bei dieser saulinischen Weltsicht Gemüt, Phantasie, Kreativität, Visionen, Träume oder Alternativen. Egoisten anerkennen nur das, was *ist*. Das Reich der Seele, die Welt des Unbewussten ist ihnen verschlossen. Darum erstarrt ihr Leben in dogmatischen Sätzen.

Saulus ist wieder einmal bei seiner «Arbeit». Diesmal gilt seine Verfolgung der christlichen Gemeinde in Damaskus. Auf dem Weg dorthin trifft es ihn mit voller Wucht. Er stürzt zu Boden und erblindet. Saulus verliert buchstäblich sein Bewusstsein. Die eben noch so verstandesmässige Klarheit ist weg. Er sinkt in die Knie und erkennt nichts mehr. Die Verbindung zur Aussenwelt ist Saulus gänzlich abhanden gekommen. Er wird von seiner eigenen Tiefe abgeholt. Der

Himmel mit seinem strahlenden Licht bricht in ihm durch. «Himmel» – das ist jene grosse Alternative, die Saulus bis jetzt nie in sein Leben einliess. Alles war diktiert von Verstand und Wissen, alles gesteuert von seinem unangreifbaren Ego. Jetzt taucht dieses Ego-Ich in Saulus' «Unterwelt» ein und erreicht jenen bewusst-losen Traumort, wo es von Energien umfangen wird, die viel grösser sind als es selbst. In diesem Vorgang der Lebenserneuerung ist Saulus' Ohr erstmals offen für Impulse aus den Tiefen seiner selbst. Er ist empfänglich für eine Offenbarung, die wahrlich aus dem «Jenseits» kommt, von jenseits der ihm bis anhin bewussten und bekannten Welt: Der Mann aus Tarsus soll der jüngst noch bis aufs Blut verfolgten Christengemeinde den Durchbruch zur weiten Welt bahnen.

Nach seiner Selbst-Erfahrung nimmt Saulus den Namen Paulus an. Diese Namensänderung meint weit mehr als die Ersetzung des einen Buchstabens durch einen anderen. Der Weg von Saulus zu Paulus widerspiegelt den grossartigen Prozess der Rückführung eines abgespaltenen saulinischen Personanteiles in die harmonische Welt des ganzen Menschen Paulus. «Paulus» ist das Ergebnis eines erlösten Egoisten. Im Verwirklichungsimpuls aus seinem Selbst vermag ich keinen Egoismus mehr auszumachen. Der alte Egoist Saulus wird von Paulus versöhnt, friedlich und zärtlich zu Grabe getragen.

Mit Königin Elisabeth reden

Woher stammt eigentlich unser Bewusstsein? Wie kommt es, dass wir in einer bestimmten Lebensfrage so und nicht anders entscheiden? Aus welchen Quellen speist sich die Welt unserer Werte? Wie kommen unsere Ansichten und Meinungen zustande?

Ich schlage Ihnen zu diesem Thema eine praktische Übung vor. Diese könnte es Ihnen ermöglichen, einer Antwort auf die Spur zu kommen, wenn es darum geht, herauszufinden, woher *Ihr* Bewusstsein stammt:

Nehmen Sie ein Blatt Papier und ein Schreibzeug zur Hand. Richten Sie es sich so ein, dass Sie für eine Stunde nicht gestört werden. Versuchen Sie, eine besinnliche Atmosphäre zu schaffen.

Vorbemerkung
Lesen Sie die Übungs-Aufgaben *nicht* erst alle durch, damit Sie sich selber nicht beeinflussen. Lösen Sie eine Aufgabe nach der anderen.

Aufgabe 1
Notieren Sie spontan eine Reihe von Gestalten aus Vergangenheit und Gegenwart, die Ihnen ohne langes Nachdenken in den Sinn kommen.

Aufgabe 2
Schreiben Sie nun zu jeder Gestalt ein paar Tat- und/oder Eigenschaftswörter, die zu der jeweiligen Figur passen.

Aufgabe 3
Ordnen Sie Ihre Gestalten den folgenden Gesichtspunkten zu:
a) Frauen
   Männer
b) lebend
   gestorben
c) Kunst
d) Militär
e) Politik
f) Religion
g) Sport
h) Wirtschaft
i) Wissenschaft
k) Märchen

Aufgabe 4
Stellen Sie Ihr zahlenmässiges Schwergewicht zusammen (z. B. Kunst: 4 Nennungen; Wirtschaft: 1 Nennung; Politik: 11 Nennungen...).
Denken Sie über Ihr Endergebnis nach. Kommentieren Sie Ihr persönliches Resultat (z. B. Ihr zahlenmässiges Verhältnis zwischen Mann und Frau, oder: Was heisst es für Sie, wenn bei Ihnen beispielsweise Nennungen aus Politik und Militär

deutlich überwiegen, Kunst und Märchen dagegen keine einzige Nennung bekamen?...).

Aufgabe 5
Entscheiden Sie sich für eine Gestalt, mit der Sie nun ein Gespräch zu führen versuchen (Brief schreiben, zu Musik meditieren, malen, modellieren...).

Aufgabe 6
Versuchen Sie herauszufinden, auf welche Weise *Sie* mit Ihrer Gestalt/Ihren Gestalten etwas zu tun haben könnten.

Vorbilder haben die Eigenschaft, zu prägen, zu beeinflussen, zu bestimmen. Die Übung hat Ihnen vielleicht Vorbilder bewusst gemacht, über deren Wirkweise auf Ihr Leben Sie bisher nicht nachgedacht haben. Vorbilder sind wichtig in jener Phase eines Menschen, in der er daran ist, zu ergründen, wer er eigentlich ist. Vorbilder sind Geburtshelfer bei der Selbstfindung. Dann müssen sie abdanken. Tun sie es nicht, beginnt ihr böses Spiel. Sie fangen an, sich über den Menschen zu stellen, würgen seine Arbeit der Selbstfindung ab und manipulieren ihn. Er selber kopiert sein Vorbild nur noch und wird dabei leer und leerer. Das geht so, bis die Herrschaft installiert ist: das Vorbild ist Chef, der Mensch sein Knecht.

Eine andere Absicht verfolgt das Leitbild. Es wirkt wie

eine Mutter, die ihr Baby wieder und wieder anstrahlt. Sie weckt mit diesem unschätzbaren Spiel die besten Kräfte in ihrem Kind, die ihm ein ganzes Leben lang das Gefühl geben: Ich bin angenommen. Das Selbst eines Menschen ist geboren. Die Mutter zieht sich Jahr um Jahr mehr zurück. Das ist auch die Absicht des Leitbildes. Es gibt Anstösse und nimmt sich gleich wieder vornehm zurück. Der Mensch macht sich mit dem Anstoss in eigener Regie auf die Reise.

«Wer Kindern sagt...»

Es mag sein, dass nicht nur Narren die Wahrheit sagen, sondern auch Kinder. Ein Sprichwort behauptet es so. Eine Zeitlang noch bewahren Kinder die Fähigkeit, ganzheitlicher wahrzunehmen als Erwachsene. Sie sagen die Wahrheit, solange sie keine Interessen zu vertreten haben. Die Quelle ihrer Erzählungen ist lauter und wahrhaftig. Ungefiltert geben sie weiter, was ihre Sinne aufnehmen. Es spielt keine Rolle, wer gerade vor ihnen steht. Kein Respekt hält sie davon ab, zu sagen, was sie denken und fühlen. Sie messen nicht ab, was ihre Worte bewirken. Ihr Geplauder ist spontan, nicht taktisch. Sie wollen aus vollem Herzen mitteilen, was sie bewegt.

Wenn Kinder einmal ins Ränkespiel der Erwachsenen einschwenken, rutscht die Quelle ihrer einst arglosen Erzählungen in den Kopf hinauf und erfährt dort die ersten ideologischen Vergiftungen. Bald merken auch Kinder, dass sie bloss anecken, wenn sie ungeschminkt sagen, was sie empfinden. Sie spüren, dass sie ihre Interessen weit besser durchsetzen können, wenn sie den Leuten nach dem Mund reden. Langsam versiegt der Strom unmittelbarer Spontaneität. Kinder sind dann bereits normiert, ein Spielball in den Händen der Erwachsenen, die jene endlich dort wissen, wo sie sie schon längst haben wollten: als Miniaturausgaben ihrer selbst.

Erich Fried ist überzeugt:

> Wer Kindern sagt
> Ihr habt rechts zu denken
> der ist ein Rechter
> Wer Kindern sagt
> Ihr habt links zu denken
> der ist ein Rechter
>
> Wer Kindern sagt
> Ihr habt gar nichts zu denken
> der ist ein Rechter
> Wer Kindern sagt
> es ist ganz gleich was ihr denkt
> der ist ein Rechter
>
> Wer Kindern sagt
> was er selbst denkt
> und ihnen auch sagt

dass daran etwas falsch sein könnte
der ist vielleicht
ein Linker[12]

«Meine» Kinder gehören mir gar nicht. Sie gehören sich selber. Dazu werden sie nicht kommen, wenn ich ihnen unter dem Vorwand, sie zu lieben, mein ganzes Weltbild als schwere Eisenkette an die Füsse hänge.

Kinder wollen auf *ihre* Weise das Leben ergründen. Sie gehen *ihre* Wege, sich Weisheit anzueignen. Sie haben *ihre* Perspektiven und *ihren* Rhythmus. Sie sehen, hören, riechen, tasten, schmecken auf *ihre* Art. Wir Erwachsene können sie dabei nur kritisch begleiten.

Kinder sehen vieles im Leben zum ersten Mal. Sie entdecken, fragen, suchen Zusammenhänge, staunen. Für Erwachsene ist das Leben nicht mehr ein Buch mit sieben Siegeln. Da gibt es keine Zwerge mehr als Symbol für eine nicht ausrechenbare, geheimnisvolle Welt. Brächten wir den Mut auf, den Rechenschieber wegzulegen, eingeschliffene Meinungen aufzugeben, hohle Zeremonien und Feste abzuschaffen, zu verlernen, um mit den Augen eines Kindes neu zu sehen, würden sich die Zwerge wieder zeigen. Sie sind nichts anderes als das, was gescheite Psychologen das «Selbst» nennen oder religiöse Menschen «Gott», das Neue, das uns behilflich ist, Grenzen zu überschreiten.

«Die Geburt ist nicht ein augenblickliches Ereignis, sondern ein dauernder Vorgang. Das Ziel des Lebens ist es, ganz geboren zu werden, und seine Tragödie, dass die meisten von uns sterben, bevor sie ganz geboren sind!»

(Erich Fromm)

Die «hagazussa»

Am Ende des Mittelalters schwang sich der Mann mit ein paar kräftigen Flügelschlägen weit über die Frau hinaus. Gefühle und Natur, weibliche Seelenstärke verbannte er kurzerhand ins Reich des Unbewussten. Objektivität hiess das Gebot der Stunde. «Ich denke, also bin ich», erklärte der französische Philosoph René Descartes. Denken war von nun an dem Mann allein reserviert. Er riss die Kompetenz an sich, zu bestimmen, was zu gelten hatte. Der Frau blieb nur mehr übrig, stumm zu leiden. Frauen, die widerstanden, ereilte das Schicksal, als Hexe verbrannt zu werden.

Was vor zehntausend Jahren als hochentwickelte, blühende weibliche Kultur über weite Teile der Erde das Leben prägte, versank in Vergessenheit, in den Abgrund gestürzt von männerdominierten, ausgrenzenden Kulturen und Religionen.

Diese Zeit geht in unseren Tagen zu Ende. Die patriarchale Regentschaft geht zur Neige. Ordnungen, Gesetze, Logik, Kontrollen, Mächte und die ganze blutleere Verstandes-Welt zerbröckeln. Lila ist im Kommen, die Farbe der weiblichen Tiefenkraft, die Farbe des lebensspendenden Chaos, der dionysischen Freude am Dasein, der Bereitschaft zur Wandlung, der Demut, zyklisch mit dem Leben mitzugehen. Lila: die Farbe der Hexen.

Vor fünfhundert Jahren begann der Mann die widerspenstige Frau systematisch zu töten. Er merkte nicht, dass ein wertvolles Stück Frau in ihm selber mitstarb. In seinem Wahn, die Zügel der Weltgeschichte in die Hand nehmen zu müssen, und in der ohnmächtigen Angst, mit unkontrollierbaren Kräften nicht fertigzuwerden, produzierte er die Hexe. Bedeutendste Kirchenmänner vom Schlage eines Thomas von Aquin lieferten «theologische Begründungen» zur Hexenverfolgung. Sie schämten sich nicht einmal, die weibliche Natur zu verunglimpfen und dafür hochrangigste Kirchenväter als Kronzeugen heranzuziehen, etwa Tertullian (über die Frau): «Du bist es, die dem Teufel Eingang verschafft hat, du hast das Siegel jenes Baumes gebrochen, du hast zuerst das göttliche Gesetz im Stich gelassen, du bist es auch, die denjenigen betört hat, dem der Teufel nicht zu nahen vermochte. So leicht hast du den Mann, das Ebenbild Gottes, zu Boden geworfen.»[13]

Was wahr war, diktierte der Mann.

Die Hexe aber wusste noch von einer anderen Wahrheit. Sie kannte noch andere Seiten des Lebens. «Hagazussa» war sie (althochdeutsch für Hag-Sitzerin). Sie lebte in beiden Welten: in der bewussten genauso wie in der unbewussten, jener der Intuitionen, der Empfindungen, der spontanen Einsichten, des Leiblichen, der Natur mit ihrer ewigen Bewegung von Werden, Sterben, Werden...!

Lila steht wieder auf in unserer Zeit. Die böse Hexe der Märchenwelt erhält ihre ursprünglich heilende Energie zurück und mischt sich als politisch selbstbewusste Frau in die Gestaltung der Gesellschaft ein. «Gewöhnliche» Frauen trauen es sich zu, aus sich selbst zu leben, in sich selber zu gründen, aus der Tiefe der eigenen Lebensquelle Mensch zu werden. Sie brauchen dazu nicht notwendig den Mann. Er wendet nicht mehr allein ihre Not. Die Erinnerung an die Wirkkraft alter Muttergottheiten erwacht. Frauen *sind* selbst Isis, Eva, Circe, Walpurgis. Unbekümmert schöpfen sie aus den lebendigen Wassern von «Avalon», jener geheimnisvollen keltischen Apfelbaum-Insel, wo gute Feen die Kräfte der weiblichen Seele hüten und verschenken.

Die Zeit ist nicht mehr fern, da die Hexen-Frauen uns Männern die Gefängnisse wieder öffnen, in denen wir unsere eigene weibliche Energie schon seit Jahrhunderten gefangen halten. Dann wird nicht mehr gestritten, ob Patriarchat oder Matriarchat. Dann wird es um Menschwerdung gehen, geboren aus den dynamischen Polen von weiblich und männlich. – Den Hexen unserer Tage sei Dank.

Janus werden

Die alten Römer verehrten unzählige Götter. Einer aus der grossen Schar hiess Janus. An den Hauseingängen götterfreundlicher Römer nahm er einen Ehrenplatz ein. Es hatte seinen speziellen Grund, dass dieser Gott an Türen und Toren wachte. Janus hatte zwei Gesichter. Er stand am Schnittpunkt. Mit dem einen Gesicht schaute er nach innen, das andere richtete er nach aussen. Mit seinen zwei Gesichtern wies er darauf hin, dass alles im Leben zwei Seiten hat. Janus war der Gott des Überganges. Zum Jahreswechsel verabschiedete er das alte Jahr und begrüsste das neue. Dem Monat Januar dürfte er seinen Namen geliehen haben.

Der Gott Janus hat längst abgedankt. Aber sein Anliegen sollte nicht verlorengehen, weil es geradezu therapeutische Kräfte in sich birgt. Ein Mensch, der dem Gott Janus verbunden ist, könnte als religiöser Mensch viel mehr Heil, Glück, Frieden und Menschlichkeit stiften als jemand, der sich dem ein-seitigen christlichen Gott verpflichtet fühlt. Janus verkörpert zumindest zwei Seiten. Die Gefahr des Fundamentalismus, die beim eindimensionalen Christengott besteht, ist mit dem doppelgesichtigen Janus gebannt. Janus hütet den heiligen Schatz der Alternative, das unersetzliche Geschenk der Dialektik, jener uralten Weisheit, dass alles, was leben will, ineinander übergehend und auseinander herausfliessend zusammengehört: Ei und Same, Frau und Mann, Nacht und Tag, innen und aussen...

An der Schwelle zwischen «innen» und «aussen» hat

der Gott Janus gewacht über den lebendigen Austausch zwischen diesen beiden Lebenswelten. Offenbar war dieser schon zur Zeit Jesu gefährdet. Mit scharfen Worten deutet der Nazarener darauf hin: «Weh euch, Gesetzeslehrer und Pharisäer! Ihr Scheinheiligen! Ihr seid wie schön geschmückte Gräber, die man gerne ansieht, aber drinnen ist nichts als Würmer und Knochen. So seid ihr: von aussen hält man euch für fromm, innen aber steckt ihr voller Heuchelei und Schlechtigkeit!» (Mt 23, 27–28)

Die von Jesus gescholtenen Gesetzeslehrer lebten gespalten. Innenwelt und Aussenwelt harmonisierten nicht miteinander. Der zweigesichtige Janus regt an, die Beziehung zu meiner eigenen Innenwelt genauso zu pflegen wie jene zur Aussenwelt. Schau ich nur nach innen, verkomme ich zum unpolitischen Individualisten, der nur um sich selber kreist. Richte ich meinen Blick bloss nach aussen, verliere ich mich in oberflächlichem Aktivismus.

Hermann Hesses indische Dichtung «Siddhartha» weist den esoterischen Weg nach innen. Siddhartha, die Hauptfigur des Werkes, stellt fest: «Über kein Ding in der Welt weiss ich weniger als über mich, über Siddhartha!»[14] Die Theologen der Befreiung deuten in die andere, die exoterische Richtung, nach aussen: «Wer Jesus nachfolgt, (...) arbeitet für eine Menschheit, in der mit Hilfe der Vernichtung jeder institutionellen Gewalt eine Versöhnung zwischen ehemaligen Unterdrückern und Unterdrückten möglich wird, weil endlich auf der Basis von Gleichheit fussende menschliche Beziehungen erreicht worden sind.»[15]

Prediger aller Zeiten haben den gläubigen Christen stets eingehämmert, sich selbst gering zu achten, nicht in den eigenen Seelengrund hinabzuleuchten. Sie haben um so mehr gefordert, draussen in der Welt für andere zu sorgen. Ihr Credo endete in der Ansicht, sich selber anzuschauen sei schon reiner Egoismus. Der Gott Janus wusste, dass Selbstachtung *und* Solidarität, dass die Stube *und* der Marktplatz, dass Meditation *und* Politik ineinanderfliessen sollen. Die Welt braucht Janus-Menschen.

Sisyphus und Christophorus

Er schaut weder nach rechts noch nach links. Er blickt auch nicht hinter sich zurück. Nur vorwärts, immer vorwärts, den steilen Berg hinauf! Schwitzend und fluchend stemmt und stösst er den Stein dem Ziel entgegen. Es ist Sisyphus, der arme Kerl bei seiner sinnlosen Arbeit. Immer wenn das Ziel in greifbare Nähe rückt, wird sein Stein schwer und schwerer. Er kann ihn nicht mehr halten. Die Kräfte reichen nicht. Der Stein poltert den Berghang hinunter. Sisyphus muss wieder von vorne anfangen, immer wieder.

Sisyphus ist ein Macher. Er will alles in den Griff bekommen, jegliche Lebensregung kontrollieren. Rasten und ruhen sind ihm fremd, Hingabe an den Rhythmus des Lebens ein Greuel. Er kann sich keine Brachzeit gönnen, kann es nicht zulassen, dass das Leben einmal nicht so mitspielt, wie er es geplant hat.

Am meisten hasst Sisyphus den Tod. Alpträume schütteln ihn, wenn er daran denkt, sterben zu müssen. Er will nur eines: leben, ewig leben! Also zieht er aus, den Tod zu besiegen. Ihn empfindet er als grausames Gegenpendel zum Leben.

Sisyphus ist ein eindimensionaler Mensch. Er sieht nur die eine Seite. Sie allein ist richtig, wahr und gut. Dass jedes Ding unter der Sonne mindestens zwei Seiten hat, will Sisyphus nicht gelten lassen. Diese Lebenssicht setzt ihn unter Druck. Er gerät in Stress und Zwang und ist nicht mehr fähig, die Kehrseite der Medaille anzusehen. Das allein würde ihn aber erlösen!

Es gibt eine andere Mythen-Figur: Christophorus. Er lässt die andere Seite des Lebens durchaus zu. Er ist der erlöste, der heile Sisyphus. – Christophorus ist ein Riese. Auch er übernimmt eine heikle Aufgabe. Es ist Christus selbst, den er auf seinem Rücken durch einen reissenden Fluss tragen soll. Während der Hüne sich durch das Wasser kämpft, wird seine

Last immer schwerer. Aber er schafft es, unversehrt das jenseitige Ufer zu erreichen.

Christophorus ist nicht Sisyphus. Dieser grenzt aus, spaltet ab, trennt. Jener schliesst ein, verbindet. Christophorus schafft Kontakt mit beiden Flussufern. Er wandelt hin und her. *Beide* Seiten sind ihm ein Anliegen. Das ist der Pendelschlag des Lebens: sowohl – als auch, Leben *und* Tod, Tag *und* Nacht, Sonne *und* Regen, lachen *und* weinen...

Christophorus und Sisyphus haben nie gelebt. Sie sind mythische Figuren. Und dennoch stiften sie Wirkungsgeschichte, in Menschen, die Sisyphusarbeit leisten, und in Menschen, die das Werk des Christophorus fortsetzen. Jenen ist das Leben Mühe und Last, diesen Freude und Lust.

Die Kirschtorte

Der Liedermacher Wolf Biermann hat in einem Interview klargemacht, woran er glaubt:

> Ich glaube an den Menschen. Umgekehrt habe ich keinen Grund, auf Menschen herabzuschauen, die an Gott glauben. Ich habe längst durchschaut, dass es vollkommen egal ist, an was ein Mensch glaubt. Wichtig ist, *dass* er überhaupt glaubt und dass dieser Glaube ihn dann befä-

> higt, zu den Menschen zu gehen und sich als menschlicher Mensch zu verhalten. An seinen Taten soll man ihn erkennen, nicht an seinem Glaubensbekenntnis. Von mir aus kann einer an eine Kirschtorte glauben, wenn es ihn dazu bringt, kein Feigling und kein Opportunist zu sein, sondern die Wahrheit zu sagen, gerade wenn er einen hohen Preis dafür zahlen muss. So werde ich mit ihm doch nicht zu streiten anfangen, ob er an den richtigen Gott oder an etwas anderes glaubt.[16]

Ich teile die Ansicht von Wolf Biermann: Glaube führt geradewegs zu den Menschen hin. Er ermutigt zu menschlicher Beziehung. Er ist Impuls, heilende Kommunikation zu versuchen. Der Streit um die Richtigkeit oder gar die objektive Gültigkeit von Ideen und die Auseinandersetzung darüber, wer nun eigentlich richtig glaubt, verbarrikadieren den Weg zum Menschen. Glaube ist nicht Theorie, schon gar nicht Verehrung religiöser Ideen. Glaube ist Praxis. Das zeigt eine Begebenheit aus dem Leben Jesu:

> Einige seiner Jünger liegen im Streit mit Schriftgelehrten. Weder diese noch jene haben einen epileptischen jungen Mann heilen können. Nun liegen sie sich in den Haaren, welche der beiden vertretenen Heilungsmethoden die richtige sei. Zwei ideologische Schulen bekämpfen sich. Der kranke Mensch, der epileptische junge Mann,

verschwindet aus dem Blickfeld. Es geht schon
längst nicht mehr um ihn. Von Interesse sind
bloss noch Theorien. Eine traurige Situation.
Nun kommt Jesus dazu. Es käme ihm nie in den
Sinn, sich am Gezänk der Ideologen zu beteiligen. Jesus rückt den hilfebedürftigen Mann wieder ins Zentrum. Aus seiner inneren Stimmigkeit heraus vermag Jesus den Kranken zu heilen. (Mk 9, 14–29)

Der Atheist Biermann hat Jesus sehr gut verstanden: Glaube sucht die Begegnung mit dem andern Menschen, die politische Praxis der Befreiung. Die Schriftgelehrten und selbst Jesu Jünger haben nicht begriffen. Ihr ganzes Interesse gilt nur sich selbst: recht zu haben. Den Preis dafür bezahlt der Kranke. Er bleibt auf der Strecke.

Jesuanischer Glaube sucht den anderen Menschen. Das ist die eine Seite. Derselbe Glaube führt aber auch zur Auseinandersetzung mit mir selber, zur Aufarbeitung meiner eigenen Zerrissenheit, zur Entdekkung und Entfaltung all meiner besten Kräfte, zur Annahme meiner Grenzen und zum Glauben an meine Fähigkeiten. Auch diese Befreiungsarbeit hat Jesus geleistet (seine Selbstbegegnung in der Wüste!). Erst diese Arbeit *an sich* hat ihn befähigt, aus versöhnter Seele echtes Interesse am anderen Menschen aufzubringen.

Wenn jesuanischer Glaube nicht länger gefangen bleibt in einem dogmatischen Lehr-Bunker und dort die traurige Funktion auszuüben hat, des Bürgers faulige Moral mit süsser Sahne zu übergiessen, dann verkommt die Power des Glaubens nicht zum Opium des Volkes und zur billigen Vertröstung auf das Jenseits. Jesuanischer Glaube ist dann messianische Praxis: Kritik jeglicher Ideologie.

Potemkinsche Dörfer

Grigorij Alexandrowitsch Potemkin, russischer Fürst und Feldherr, war der politische Berater Katharinas II. Er eroberte die Krim und lud Katharina bald darauf ein, das neue Untertanengebiet im Süden zu besuchen. Potemkin hatte der Zarin noch nichts anderes vorzuzeigen als Verwüstung. Es geht die Legende um, er habe deshalb eine grosse Anzahl schmucker Dörfer erbauen lassen, um der Monarchin wirtschaftliche Blüte und Wohlergehen vorzuspielen.

Die Potemkinschen Dörfer sind inzwischen zu einem Begriff geworden. Sie meinen Lug, Unwahrhaftigkeit und Täuschung. Nach aussen blenden sie. Ihre Häuser lassen reiche Ausstattung in ihrem Innern vermuten. In Wahrheit gähnt aber hinter der Fassade die Leere.

Menschen können wie Potemkinsche Dörfer auftreten. Ihr Sein ist Schein. Ihr Blendwerk droht jederzeit wie ein Kartenhaus zusammenzufallen. Innen und aussen entsprechen sich nicht. Es ist, wie wenn in einem einzigen Menschen deren zwei lebten, die nichts miteinander zu tun haben.

Potemkinsche Dörfer wirken wie eine Maske. Ich setze sie auf, um mich zu verstellen. Dahinter kann ich lachen oder weinen. Das geht niemanden etwas an. Vielleicht trage ich jene Maske zur Schau, die andere von mir fordern. Auf diese Weise erfülle ich die Erwartungen der Aussenwelt, während mein Inneres ganz andere Wege geht. Nach aussen mime ich Gelassenheit, innerhalb gleiche ich einem Pulverfass. Es kann sein, dass ich Werte wie im Schaufenster anbiete, die ich im Innern des «Ladens» gar nicht führe.

Die Maske kann mich auch schützen. Ich will dann mein Innenleben abschirmen, um es nicht der Öffentlichkeit preisgeben zu müssen.

Die Bibel erzählt die Geschichte von der sogenannten «Verklärung» Jesu. Der Messias steigt mit drei Jüngern auf einen hohen Berg. Dort wird er auf seltsame Weise «verwandelt». (Mk 9, 2–8)

In diesem Ereignis begegne ich dem puren Gegenteil zu den Potemkinschen Dörfern. Die «Verklärung» Jesu zeigt, dass der Nazarener sich im Laufe seines

Lebens zu einem wahrhaftigen Menschen gewandelt hat. Innen und aussen stimmen in einer ganzheitlichen Persönlichkeit überein. Das Innere des Menschen Jesus ist derart echt und glaubwürdig geworden, dass es nach aussen hin sichtbar durchschlägt und ausstrahlt, so sehr, dass sogar seine Kleider zu leuchten beginnen.

Potemkinsche Menschen verbreiten Unbehagen. Aus verklärten Menschen strömt gelöste Heiterkeit.

Ein symbolisch-diabolisches Leben führen

Hausordnung, Rechtsordnung, Kirchenordnung, Militärordnung, Weltwirtschaftsordnung, Zimmerordnung, Bunkerordnung, Ordnung, Ordnung, Ordnung... alles im rechten Winkel, alles genauestens niedergeschrieben, das Leben ist unter Kontrolle, nichts kann mehr passieren, alles ist tod-sicher!

Ich schaue der Quelle auf einer Bergwiese zu. Munter sprudelt klares Wasser aus dem Boden. Unaufhörlich gluckst und murmelt das kleine Bergbächlein den Abhang hinunter. Es sucht sich seinen eigenen Weg durch die Landschaft, plätschert über bunte Steine, purzelt wie ein Kind vorwärts, mal links, mal rechts, voller Lebensfreude. Jetzt, da es noch jung ist, darf es das. Niemand gräbt ihm das Wasser ab oder zwingt es in eine bestimmte Richtung. Blumen blühen an seinem Ufer, Tiere finden Nahrung und fühlen sich wohl.

Später treffe ich das gleiche Bächlein unten im Tal wieder. Mir graut! Der Mensch hat unterdessen gründlich Ordnung gemacht! Trostlos und müde schleppt sich das einst quirlige Bächlein als schnurgerader Kanal dahin. Links und rechts hindern es graue Mauern an jeder Selbständigkeit.

Wo immer Menschen für andere Menschen Ordnungen aufstellen, treten Herrschaft und Macht auf den Plan. Es lauert die Gefahr, dass die Ordnung sich verselbständigt und ein Eigenleben entwickelt. Sie beginnt den Menschen zu tyrannisieren. Niemand wagt es mehr, sie aus dem Sattel zu heben. Alle verehren und beweihräuchern sie wie ein Heiligtum. Keiner weiss mehr, wer warum, in welchem Interesse die Ordnung einst aufgestellt hat. Nicht einer findet sich mehr, der als Anwalt des Lebendigen bereit wäre, zu fragen: Muss diese Ordnung denn eigentlich so sein? Dient sie vielleicht nicht eher dem Tod als dem Leben?

Ordnung kann schützen. Genauso kann sie die Kehle zuschnüren. Vor dem Erstickungstod kann nur der andere Lebenspol bewahren: das Chaos, jene Kraft, die alles radikal durcheinanderwirbelt, jene «diabolische» (= durcheinanderwerfende) Energie, die es erlaubt, die Karten neu zu mischen, ein anderes Spiel mit neuen Regeln zu spielen, eine andere Ordnung zu vereinbaren, «sym-bolisch» (= schöpferisch gestaltend) zu wirken. Das Wechselspiel zwischen diabolisch und symbolisch zeugt Lebendigkeit. Diabolische Kräfte mögen vom Teufel sein. Aber dieser Teufel ist gut, weil er Festgefahrenes aufbricht und die Voraussetzung dafür schafft, dass symbolische Energien sich entwickeln können, die aus dem Chaos einen Kosmos formen.

Ordnung ist mit der Zeit nicht mehr auszuhalten ohne Chaos, genauso wie Chaos bald einmal nervt ohne Ordnung.

Am Käfigturm zu Bern

Am Käfigturm mitten in der Stadt Bern steht das Wort «Bezieh-hunger». Irgend jemand hat es an die Turmmauer gesprayt. Ein Mensch hungert nach Beziehung. Er muss einsam sein. Eine kalte Wand wird ihm zur Klagemauer. An sie sprayt er sein Leid aus der Seele: Bezieh-hunger.

Die Griechen kennen in ihrem Sagenschatz die Figur des Pygmalion. Auch er muss ohne tragende menschliche Beziehung auskommen. Zwar ist er umgeben von vielen schönen Frauen. Mit keiner von ihnen gelingt es ihm aber, das Leben zu teilen. Also geht er hin und «schnitzt» sich eine Frau nach seinen Wunschvorstellungen. Nach unzähligen Versuchen gibt er wieder auf. Jedesmal, wenn er wieder eine Frau geformt hat, fällt diese tot um, und Pygmalion wirft sie ärgerlich in die Ecke.

Pygmalion spielt die Rolle eines allmächtigen Gottes, der fleissig daran ist, sich kleine Geschöpfe zu formen, die von ihm abhängig und ihm stets zu Diensten sind. Auf diese Weise findet Pygmalion nie das Glück einer erfüllenden Partnerschaft, weil seine Frauen immer nur kleine, unterwürfige und unselbständige Püppchen sind. Pygmalion ist gefangen in einem von Herrschaft geprägten Netz. Wenn er in sich ginge, entdeckte er vielleicht, dass er aufhören müsste, sein Gegenüber zu machen. Eine Partnerschaft lässt so etwas nicht zu. Macher haben hier keine Chance.

Ein erlöster Pygmalion wird nach seinen endlos gescheiterten Beziehungsversuchen keine Partnerinnen mehr nach eigenem Gutdünken formen. Er wird in sich selbst hineinschauen und irgendeinmal auf die Idee kommen, dass er selber es sein könnte, der zu leben beginnen muss, wenn er sich eine einladende Beziehungsatmosphäre wünscht.

Der italienische Bildhauer, Maler, Architekt und Dichter Michelangelo Buonarroti hat in der Sixtinischen Kapelle zu Rom das berühmte Freskenbild «Die Erschaffung Adams» gemalt. Gott und des ersten Menschen Hände berühren sich: ein Symbol für Beziehung. Selbst ein Gott, hier der alttestamentliche Jahwe, sehnt sich nach Beziehung. Er geht aber ganz anders vor als Pygmalion. Der hebräische Gott wird in seinem Verlangen schöpferisch. Er ist kein Macher. Er ist kreativer Gestalter. Er teilt sich mit und kreiert so einen Partner, einen Mitschöpfer, ein ihm gleichgestelltes, ein gleichberechtigtes Wesen: seine Entsprechung. Mit dieser Neuschöpfung tritt er in einen fortwährenden, offenen Dialog.

Der jüdische Religionsphilosoph Martin Buber nennt zwei Möglichkeiten, wie der Mensch mit seiner Umwelt in Kontakt treten kann. Er sieht einerseits seine Umgebung, auch den anderen Menschen als Objekt an. Diese Haltung ist bestimmt vom Grundwort «Ich-Es». Das «Ich» behandelt das «Es» nur als unpersönliches Etwas und ist zudem ständig im Begriff, dieses Etwas zu beherrschen. Pygmalion lebte so.

Orientiert sich der Mensch andererseits am Grundwort «Ich-Du», erfährt er sich als Teil einer ungeteilten Welt, hinein verwoben in vielfältige, partnerschaftliche, herrschaftsfreie Beziehungen mit der Natur und mit anderen Menschen. Ein solcher Mensch lebt dialogisch, ähnlich dem schöpferischen, alttestamentlichen Gott der Michelangelo-Fresken im Vatikan.

«Als sie mit vierzig noch einmal zu leben versuchte...»

Welche Bedingungen müssten für Sie gegeben sein, dass Sie von sich überzeugt sein könnten: Ja, ich lebe? Was meinen Sie, wenn Sie «ich» sagen? Sind Sie in der Lage, Ihr Leben selbständig zu gestalten, oder lebt Ihr Vater, Ihre Mutter, Ihr Ehepartner oder sonst ein Über-Ich in Ihnen, so dass es gar nicht stimmt, dass *Sie* leben, wenn Sie behaupten: *Ich* lebe? Was heisst es für Sie zudem: Ich *lebe?*

Ein Mensch kann «leben» und trotzdem tot sein, weil er nur noch wie eine Maschine funktioniert. Ein anderer ist schon längst gestorben, aber er lebt weiter, er wirkt noch immer lebendig, weil er zu Lebzeiten lebendig war.

Ich wohne in einem älteren Haus ohne Schutzbunker. Wenige Kilometer entfernt liegt das Kernkraftwerk Gösgen. Von Zeit zu Zeit taucht in mir die fürchterliche Vorstellung auf, das nahegelegene Atomkraftwerk könnte aus irgendwelchen Gründen in die Luft fliegen und ich müsste mit anderen Leidensgenossen eingepfercht in einem Schutzraum dahinvegetieren. Ich glaube, ich wäre bei lebendigem Leib tot. Bunkerschutzräume sind eine grausame Vertröstung, im Diesseits noch je einmal leben zu können. Aus Sicherheit wird kaum Leben entstehen. José Ortega y Gasset hat das so formuliert:

Das Leben ist die Antwort des Menschen auf die radikale Unsicherheit, aus welcher es seinem Wesen nach besteht. Darum ist es höchst bedenklich für einen Menschen, wenn ihn ein Übermass scheinbarer Sicherheit umgibt.[17]

Vor nicht allzulanger Zeit erschienen auf dem Markt noch und noch Bücher zum Thema «Leben nach dem Tod». Der Tod ist jedem Menschen gewiss. Vielen erscheint es ebenso sicher, dass es ein Leben *nach* dem Tod gibt. An der Mauer einer Eisenbahnunterführung am Rotsee im Kanton Luzern steht die sinnige Anfrage: «Gibt es ein Leben *vor* dem Tod?» Noch einmal ist die Frage gestellt: Welche Voraussetzung muss gegeben sein, damit das, was ein Mensch *vor* dem Tod tut, auch wirklich den Namen «Leben» verdient? Gewiss ist es nicht das, was der Theologe und Schriftsteller Kurt Marti mit dem traurigen Schicksal einer Frau vorlegt:

    als sie mit zwanzig
    ein kind erwartete
    wurde ihr heirat
    befohlen

    als sie geheiratet hatte
    wurde ihr verzicht
    auf alle studienpläne
    befohlen

als sie mit dreissig
noch unternehmungslust zeigte
wurde ihr dienst im hause
befohlen

als sie mit vierzig
noch einmal zu leben versuchte
wurde ihr anstand und tugend
befohlen

als sie mit fünfzig
verbraucht und enttäuscht war
zog ihr mann
zu einer jüngeren frau

liebe gemeinde,
wir befehlen zu viel
wir gehorchen zu viel
wir leben zu wenig[18]

Leben *vor* dem Tod provoziert in mir ein Bild: Ich sehe eine Betonfläche. Grau. Trist. Tot. Eines Tages entdecke ich einen unbedeutenden Riss im Beton. Wenig später guckt ein winziges, grünes Spitzchen aus der Öffnung. Ein Löwenzahn hat den Beton gesprengt. Vergnügt blüht er bald in der Frühlingssonne.

Die Bereitschaft zur Wandlung ist für mich ein Hinweis darauf, dass ich lebe.

Der alte Nussbaum

Wenn ich vor einem Baum stehe und mir die Zeit gegeben ist, ihn bewusst anzuschauen, kann es sein, dass mich die Gedanken zurücktragen in die Tage meiner Jugend. Vor unserem Haus stand damals ein mächtiger, alter Nussbaum. Er war mir ans Herz gewachsen. Ich glaube, ich lebte ein Stück weit in diesem Baum und er in mir. Ich konnte seine Form nachempfinden, spürte seine Seele, sorgte mich, wenn der Sturmwind ihn niederstrecken wollte, verweilte spielend unter seinem schützenden Blätterdach.

Bäume bewegen mich. Zu allen Zeiten haben sie Menschen berührt, weil sie deren Schicksal zu spiegeln scheinen:
Die Strahlen der Frühlingssonne wecken die Knospen zu neuem Leben. Bald prangt der Baum im herrlichsten Blütenkleid. Die Kraft des Sommers sammelt alle Säfte zur Reife der Herbstzeit. Novemberwinde fegen dem Baum auch noch das letzte Blatt von den Ästen. Im Winter scheint er tot zu sein. Dabei beschützen gute Geister in den Wurzeln alle Lebenskräfte, auf dass der Baum im nächsten Jahr zu neuem Leben erwache.

Bäume erzählen das Leben der Menschen. Wo von Bäumen die Rede ist, gelangt des Menschen Schicksal zur Sprache:

Mitten im Garten Eden stand ein Baum. Er verwikkelte den autoritären Paradiesesgott in eine gigantische Auseinandersetzung mit seinem ungehorsamen Geschöpf, den ersten Menschen. Ein Baum wurde so zum Ausgangspunkt einer unabhängigen, selbstverantworteten Lebensgestaltung.

Eine neutestamentliche Geschichte berichtet vom winzigen Senfkorn, das sich zu einem riesigen Baum entwickelt (Mt 13, 31–32). Dieses Bild zeichnet das Leben des Menschen als einen Prozess von Entfaltung und Entwicklung. Der Mensch darf werden und wachsen. Wie ein Baum darf er *seine* Jahreszeiten leben und formen. Ideen spriessen, blühen und sterben wieder wie ein Ast. Neue Zweige, andere Erkenntnisse erstarken, tragen Früchte und fallen zu Boden, wenn es Zeit ist.

Beim Baum finde ich es wieder, was auch den Menschen prägt: das, was sichtbar ist, sein Äusseres, der Stamm, die Äste, die Blätter, die Früchte, und das Unsichtbare, sein Inneres, das verzweigte, fein verästelte Wurzelwerk. Was wäre ein Baum ohne Stamm, ohne Krone? Ein hässlicher Stumpf, ein Krüppel! Was aber wäre er ohne seine Wurzeln? Ein gefundenes Fressen für den nächsten Gewittersturm! Der Baum ist erst ganz ein Baum mit beidem, mit seiner äusseren Gestalt und mit seinem Tiefen-Leben. Der Baum lehrt mich, selber Sorge zu tragen zum heilenden Austausch zwischen Innen und Aussen.

Ich sehe zwei Bäume vor mir, Symbol der menschlichen Beziehung. Die beiden Stämme stehen für die Eigenständigkeit. Sie sind Symbol für die notwendige Distanz im zwischenmenschlichen Leben. Nie werden sie sich berühren. Tief im Boden und hoch in der Luft aber streicheln sich zärtlich Wurzeln und Äste. Sie laden ein zu menschlicher Verbundenheit und Nähe.

Er steht längst nicht mehr, der Nussbaum meiner Kindertage. Ein Fabrikareal hat ihn verdrängt. Ich habe ihn beweint. Er lebt in mir drin weiter, nicht als blosse Erinnerung, vielmehr als Gestaltungskraft, zu leben wie er.

Anmerkungen

1 Adolf Holl, Der Letzte Christ. Mit freundlicher Genehmigung des Autors
2 Friedrich Schiller, An die Freunde. In: Schillers Werke, hrsg. v. R. Boxberger, Bd. I, Berlin 1904
3 Nach: Gianni Rodari, Die Geschichte vom jungen Krebs. In: Gutenachtgeschichten am Telefon, by K. Thienemanns Verlag, Stuttgart – Wien
4 Erich Kästner, Ansprache zum Schulbeginn. Gesammelte Schriften für Erwachsene. Atrium Verlag, Zürich 1969
5 Paulo Freire, Pädagogik der Unterdrückten
6 Hans Jellouschek, Der Froschkönig, Kreuz Verlag AG, Zürich 1985
7 Nach: Erich Fromm, Psychoanalyse und Ethik, Deutsche Verlags-Anstalt, Stuttgart 1982
8 aus: Hans Eckehard Bahr / Verena Kast, Lieben – loslassen und sich verbinden, Kreuz Verlag, Stuttgart 1990
9 Eigene Weiterentwicklung einer Geschichte in Publik-Forum
10 Nach: Hubertus Halbfas, Der Sprung in den Brunnen, Patmos Verlag, Düsseldorf [11]1992
11 Hermann Hesse aus: Das Glasperlenspiel © Suhrkamp Verlag, Frankfurt/Main 1972 «Stufen»
12 Erich Fried, Es ist was es ist, Verlag Klaus Wagenbach, Berlin 1983

13 In: Rosemary Radford Ruether, Sexismus und die Rede von Gott, GTB 488, Gütersloh, 2. Auflage 1990
14 Zitiert nach: Hermann Hesse, Siddhartha, suhrkamp taschenbuch 182, Frankfurt/Main 1974
15 Georges Casalis, Die richtigen Ideen fallen nicht vom Himmel, W. Kohlhammer Verlag, Stuttgart 1980
16 Wolf Biermann in einem Interview in Publik-Forum
17 Zitiert nach: Schutzraum Schweiz – Mit dem Zivilschutz zur Notstandsgesellschaft, Zytglogge Verlag, Bern 1988
18 Kurt Marti, Leichenreden, © 1969, 1993 by Luchterhand Literaturverlag, Hamburg

Aus der Radioreihe «Worte zum neuen Tag» ist im Friedrich Reinhardt Verlag weiter erschienen:

Hans-Adam Ritter

Die Welt ist nicht fertig

Radiobetrachtungen

160 Seiten, kartoniert, Fr. 19.80

Diese Betrachtungen gehen aus von Zitaten oder Bibelworten, handeln von unseren Alltagserfahrungen und Lebensproblemen und zeigen eine Welt, die noch nicht am Ende ist, sondern im Werden.